课本里的作家

课本里的作家

我爱这土地

艾 青/著

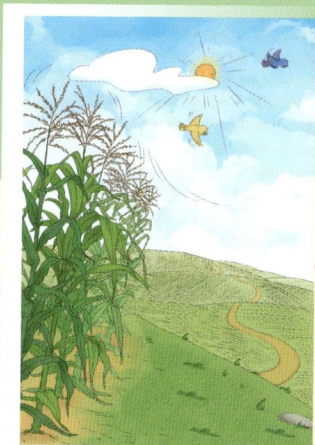

山东教育出版社
·济南·

图书在版编目（CIP）数据

我爱这土地 / 艾青著 . — 济南 : 山东教育出版社，

2023.7（2025.6 重印）

（爱阅读·课本里的作家）

ISBN 978-7-5701-2510-4

Ⅰ．①我… Ⅱ．①艾… Ⅲ．①阅读课—初中—教学参

考资料 Ⅳ．①G634.333

中国国家版本馆 CIP 数据核字（2023）第 047284 号

WO AI ZHE TUDI

我爱这土地

艾青 著

主管单位：山东出版传媒股份有限公司

出版发行：山东教育出版社

    地址：济南市市中区二环南路 2066 号 4 区 1 号 邮编：250003

    电话：（0531）82092600   网址：www.sjs.com.cn

印   刷：肥城新华印刷有限公司

版   次：2023 年 7 月第 1 版

印   次：2025 年 6 月第 2 次印刷

开   本：700 mm × 1000 mm   1/16

印   张：13

字   数：156 千

定   价：39.80 元

（如印装质量有问题，请与印刷厂联系调换）

印厂电话：0538-3460929

九百个
在倾盆的雨声里
一齐地喊着：
"拥护陈胜！
拥护吴广！"

九百个

复活的土地

播种者呵
是应该播种的时候了,
为了我们肯辛勤地劳作
大地将孕育
金色的颗粒。

一个黑人姑娘在歌唱

在那楼梯的边上，
有一个黑人姑娘，
她长得十分美丽，
一边走一边歌唱……

吹号者

我们的吹号者
以生命所给予他的鼓舞，
一面奔跑，一面吹出了那
短促的，急迫的，激昂的，
在死亡之前决不中止的冲
锋号……

少年行

像一只飘散着香气的独木船，
离开一个小小的荒岛；
一个热情而忧郁的少年，
离开了他小小的村庄。

给乌兰诺娃

不是天上的仙女，
却是人间的女神，
比梦更美，
比幻想更动人——
是劳动创造的结晶。

总序

　　北京书香文雅图书文化有限公司的李继勇先生与我联系，说他们策划了一套《爱阅读·课本里的作家》丛书，读者对象主要是中小学生，可以作为学生的课外阅读用书，希望我写篇序。作为一名语文教育工作者，在中共中央办公厅、国务院办公厅印发《关于进一步减轻义务教育阶段学生作业负担和校外培训负担的意见》（以下简称"双减"）的大背景下，为学生推荐这套优秀课外读物责无旁贷，也更有意义。

一、"双减"政策以后怎么办？

　　"双减"政策对义务教育阶段学生的作业和校外培训作出严格规定。我认为这是一件好事。曾几何时，我们的中小学生作业负担重，不少学生不是在各种各样的培训班里，就是在去培训班的路上。学生"学"无宁日，备尝艰辛；家长们焦虑不安，苦不堪言。校外培训机构为了增强吸引力，到处挖掘优秀教师资源，有些老师受利益驱使，不能安心从教。他们的行为破坏了教育生态，违背了教育规律，严重影响了我国教育改革发展。教育是什么？教育是唤醒，是点燃，是激发。而校外培训的噱头仅仅是提高考试成绩，让学生在中高考中占得先机。他们的广告词是"提高一分，干掉千人"，大肆渲染"分数为王"，在这种压力之下，学生面对的是"分萧萧兮题海寒"，不得不深陷题海，机械刷题。假如只有一部分学生上培训班，提高的可能是分数。但是，如果大多数学生或者所有学生都去上培训班，那提高的就不是分数，而只是分数线。教育的根本任务是立德树人，是培根铸魂，是启智增慧，是让学生的德智体美劳全面发展，是培养社会主义建设者和接班人，是为中华民族伟大复兴提供人才，而不是培养只会考试的"机器"，更不能被资本所"绑架"。所以中央才"出重拳""放实招"，目的就是要减轻学生过重的课业负担，减轻家长过重的经济和精神负担。

　　"双减"政策出台后，学生们一片欢呼，再也不用在各种培训班之间来回奔波了，但家长产生了新的焦虑：孩子的学习成绩怎么办？而对学校老师来说，这是一个新挑战、新任务，当然也是新机遇。学生在校时间增加，要求老师提升教学水平，科学合理地布置作业，同时开展课外延伸服务，事实上是老师陪伴学生的时间增加了。这部分在校时间怎么安排？如何让学生利用好课外时间？这一切都考验着老师们的智慧。而开展各种课外活动正好可以解决这个难题，比如：热爱人文的学生，可以开展阅读写作、演讲辩论，学习中华优秀传统文化和民风民俗等社团活动；喜爱数理的学生，可以组织科普科幻、实验研究、统计测量、天文观测等兴趣小组；也可以开展体育比赛、艺术（音乐、美术、书法、戏剧……）体验和劳动教育等实践活动。当然，所有的活动都应以培养学生的兴趣爱好为目的，以自愿参加为前提。学校开展课后服务，可以多方面拓展资源，比如博物馆、图书馆、科技馆、陈列馆、少年宫、青少年活动中心，甚至校外培训机构的优质服务资源，还可组织征文比赛、志愿服务、社会调查等，助力学生全面发展。

二、课外阅读新机遇

近年来，新课标、新教材、新高考成为语文教育改革的热词。我曾经看到一个视频，说语文在中高考中的地位提高了，难度也加大了。这种说法有一定道理，但并不准确。说它有一定道理，是因为语文能力主要指一个人的阅读和写作能力，而阅读和写作能力又是一个人综合素养的体现。语文能力强，有助于学习别的学科。比如数学、物理中的应用题，如果阅读能力上不去，读不懂题干，便不能准确把握解题要领，也就没法准确答题；英语中的英译汉、汉译英题更是考查学生的语言表达能力；历史题和政治题往往是给一段材料，让学生去分析、判断，得出结论，并表述自己的观点或看法。从这点来说，语文在中高考中的地位提高有一定道理。说它不准确，有两个方面的理由：一是语文学科本来就重要，不是现在才变得重要，之所以产生这种错觉，是因为在应试教育的背景下，语文的重要性被弱化了；二是语文考试的难度并没有增加，增加的只是阅读思维的宽度和广度，考查的是阅读理解、信息筛选、应用写作、语言表达、批判性思维、辩证思维等关键能力。可以说，真正的素质教育必须重视语文，因为语文是工具，是基础。不少家长和教师认为课外阅读浪费学习时间，这主要是教育观念问题。他们之所以有这种想法，无非是认为考试才是最终目的，希望孩子可以把更多的时间用在"刷题"上。他们只看到课标和教材的变化，以为考试还是过去那一套，其实，考试评价已发生深刻变革。目前，考试评价改革与新课标、新教材改革是同向同行的，都是围绕立德树人做文章。中共中央、国务院印发的《深化新时代教育评价改革总体方案》明确指出："稳步推进中高考改革，构建引导学生德智体美劳全面发展的考试内容体系，改变相对固化的试题形式，增强试题开放性，减少死记硬背和'机械刷题'现象。"显然就是要用中高考"指挥棒"引领素质教育。新高考招生录取强调"两依据，一参考"，即以高考成绩和高中学业水平考试成绩为依据，以综合素质评价为参考。这也就是说，高考成绩不再是高校选拔新生的唯一标准，不只看谁考的分数高，而是看谁更有发展潜力、更有创造性，综合素质更高，从而实现由"招分"向"招人"的转变。而这绝不是仅凭一张高考试卷就能够区分出来的，"机械刷题"无助于全面发展，必须在课内学习的基础上，辅之以内容广泛的课外阅读，才能全面提高综合素养。

三、"爱阅读"助力成长

这套《爱阅读·课本里的作家》丛书是为中小学生读者量身打造的，符合《义务教育语文课程标准》倡导的"好读书、读好书、读整本的书"的课改理念，可以作为学生课内学习的有益补充。我一向认为，要学好语文，一要读好三本书，二要写好两篇文，三要养成四个好习惯。三本书指"有字之书""无字之书""心灵之书"，两篇文指"规矩文""放胆文"，四个好习惯指享受阅读的习惯、善于思考的习惯、乐于表达的习惯和自主学习的习惯。古人说"读万卷书，行万里路"，实际上就是要处理好读书与实践的关系。对于中小学生来说，读书首先是读好"有字之书"。"有字之书"，有课本，有课外自读课本，还有"爱阅读"这样的课外读物。读书时我们不能眉毛胡子一把抓，要区分不同的书，采取不同的读法。一般说来，读法有精读，有略读。精读需要字斟句酌，需要咬文嚼字，但费时费力。当然也不是所有的书都需要精读，可以根据自己的需要决定精读还是略读。新课标提倡中小学生进行整本书阅读，但是学生往往不能耐着性子读完一整本书。新课标提倡的整本书阅读，主要是针对过去的单篇教学来说的，并不是说每本书都要从头读到尾。

教材设计的练习项目也是有弹性的、可选择的，不可能有统一的"阅读计划"。我的建议是，整本书阅读应把精读、略读与浏览结合起来，精读重在示范，略读重在博览，浏览略观大意即可，三者相辅相成，不宜偏于一隅。不仅如此，学生还可以把阅读与写作、读书与实践、课内与课外结合起来。整本书阅读重在掌握阅读方法，拓展阅读视野，培养读书兴趣，养成阅读习惯。

再说写好两篇文。学生读得多了，素养提高了，自然有话想说，有自己的观点和看法要发表。发表的形式可以是口头的，也可以是书面的，书面表达就是写作。写好两篇文，一篇规矩文，一篇放胆文。规矩文重打基础，放胆文更见才气。规矩文要求练好写作基本功，包括审题、立意、选材、构思等，同时还要掌握记叙文、议论文、说明文、应用文的基本要领和写作规范。规矩文的写作要在教师的指导下进行。放胆文则鼓励学生放飞自我、大胆想象，各呈创意、各展所长，尤其是展现自己的写作能力、语言表达能力、批判性思维能力和辩证思维能力。放胆文的写作可以多种多样，除了写大作文，也可以写小作文。有兴趣的学生还可以进行文学创作，写诗歌、小说、散文、剧本等。

学习语文还要养成四个好习惯。第一，享受阅读的习惯。爱阅读非常重要，每个同学都应该有自己的个性化书单。有的同学喜欢网络小说也没有关系，但需要防止沉迷其中，钻进"死胡同"。这套《爱阅读·课本里的作家》丛书，给中小学生课外阅读提供了大量古今中外的名家名作。第二，善于思考的习惯。在这个大众创业、万众创新的时代，创新人才的标准，已不再是把已有的知识烂熟于心，而是能够独立思考，敢于质疑，能够自己去发现问题、提出问题和解决问题，需要具有探究质疑能力、独立思考能力、批判性思维和辩证思维能力。第三，乐于表达的习惯。表达的乐趣在于说或写的过程，这个过程比说得好、写得完美更重要。写作形式可以不拘一格，比如作文、日记、笔记、随笔、漫画等。第四，自主学习的习惯。我的地盘我做主，我的语文我做主。不是为老师学，也不是为父母长辈学，而是为自己的精神成长学，为自己的未来学。

愿广大中小学生能借助这套《爱阅读·课本里的作家》丛书，真正爱上阅读，插上想象的翅膀，飞向未来的广阔天地！

顾之川

目录

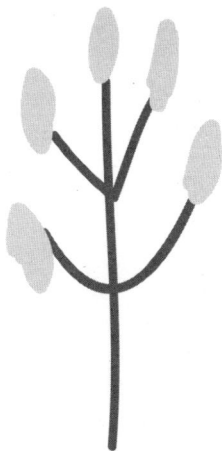

我爱读课文

原文赏读

我爱这土地

> **体　　裁**：诗歌
>
> **作　　者**：艾青
>
> **创作时间**：1938 年 11 月
>
> **作品出处**：部编版语文课本
>
> **内容简介**：全诗采用象征的手法，歌颂了中国人民不屈不挠、奋起反抗日本帝国主义的斗争精神，表达了作者对祖国深沉的爱和对侵略者的切齿痛恨。

/////////////////// 读前导航 ///////////////////

阅读准备

艾青是 20 世纪中国文学史上最重要的诗人之一。他的诗具有较强的时代精神，常以深沉忧郁的笔调表现深刻的思想内容，合着时代的节拍，反映着真实的历史。不管是丰富的意象、巧妙的抒情，还是形象化的语言等方面，艾青的作品在当时诗坛上都是别具一格的。艾青的诗歌意象外延丰富多彩，这跟其深刻的内涵相一致。比如同样写太阳、春天、黎明、夜晚等某一种具体可感知的事物，艾青却能够赋予它深刻的思想内容，这就造就了其诗歌在艺术与思想内容方面的有机统一。

目标我知道

学习目标	把握诗歌的感情基调，读出重音和节奏
学习重点	把握诗中意向，揣摩诗人营造的气氛，理解诗歌主旨
情感培养	体会诗中蕴含的深沉而真挚的爱国之情
知识与能力	了解艾青诗歌的文学常识和写作背景

背景我来探

本诗写于抗战初期，正值国难当头。日本侵略军连续攻占了华北、华东、华南的广大地区，所到之处疯狂肆虐，妄图摧毁中国人民的抵抗意志。中国人民奋起反抗，进行了不屈不挠的斗争。诗人在国土沦丧、民族危亡的关头，满怀对祖国深沉的爱和对侵略者切齿的恨，写下了这首泣血的爱国诗篇。

/////////////// 精彩赏读 ///////////////

课本原文

我爱这土地

假如我是一只鸟，[1]
我也应该用嘶哑的喉咙歌唱：
这被暴风雨所打击着的土地，
这永远汹涌着我们的悲愤的河流，

[1] 以假设开头，新奇，引发读者阅读的兴趣。

【嘶哑】声音沙哑。

[1] "吹刮""激怒"表明风的力量强大，象征中国人民心中对侵略者暴行的强烈不满。

这无止息地吹刮着的激怒的风，[1]
和那来自林间的无比温柔的黎明……
——然后我死了，
连羽毛也腐烂在土地里面。

【段解：第一节，以鸟对土地歌唱的形式，表达了诗人对处于苦难中的祖国的热爱之情和甘于奉献的精神。】

[2] 这两句是全诗的精华，点明题旨，升华主题。

为什么我的眼里常含泪水？
因为我对这土地爱得深沉……[2]

【段解：第二节，诗人运用设问的句式，直抒胸臆，抒发了自己对祖国真挚深沉的爱。】

1938 年 11 月 17 日

作品赏析

这首诗以"假如"开头，这个头开得出乎意料、新奇，有凝神沉思之感。诗中的"鸟"是泛指、是共名，它不像历代诗人反复咏唱的杜鹃、鸥鹄那样，稍一点染即具有一种天然的特殊的情味和意蕴，而是全靠作者在无所依傍的情况下作出新的艺术追求。诗中特地亮出"嘶哑的喉咙"，也和古典诗词中栖枝的黄莺、啼血的杜鹃、冲天的白鹭等大异其趣。作品充分体现了抗战初期悲壮的时代氛围对于作者的影响，同时也是这位"悲哀的诗人"（作者自称）所具有的特殊气质和个性的深情流露。

//////////////////////////积累与表达//////////////////////////

日积月累

艾青诗选优美句子

1.有人害怕光，有人对光满怀仇恨，因为光所发出的针芒，刺痛了他们自私的眼睛。

2.为什么我的眼里常含泪水？因为我对这土地爱得深沉。

3.去问开化的大地，去问解冻的河流，去问南来的燕子，去问轻柔的杨柳。

4.我到过许多地方，数这个城市最年轻，它是这样漂亮，令人一见倾心，不是瀚海蜃楼！而谁在溯游在水之中央守住梦想的温床……

5.生命的洪浪此起彼落，在川流不息的日子里我守住梦想。守住灿烂的阳光正如守住涉足远行的方向。

读后感想

读《我爱这土地》有感

学了艾青的《我爱这土地》这篇课文，我大有感触。题目围绕一个"爱"字展开叙述。爱土地，实际就是爱国家。艾青曾经宣称"厌恶浪漫主义"，所以在他的作品中很少看到关于"爱"的主题，像题目中就直言"爱"的诗歌，简直是凤毛麟角。

这首诗作于1938年11月，正值国难当头，作者在这个时候高歌着的"土地"，正是象征着生他养他而又多灾多难的祖国。这首诗有着艾青特有的忧郁，正是这种忧郁产生了特殊的美。艾青的忧郁，源自民族的苦难，这里有深刻的忧患意识，有博大的历史襟怀，有浓烈的爱国真情！

在《我爱这土地》诗中，作者用一只鸟的形象开头，含蓄而深切地表达了自己对祖国的深情、对同胞的热爱。一只小鸟是多么的脆弱，但在这国家兴亡的时刻，它也要奋力抗争，用自己的歌喉发出不屈的声音。只要活着，它就要用"嘶哑的喉咙"为土地、河流、风和黎明不懈地歌唱；死后，它也要"连羽毛也腐烂在土地里面"。

透过那"嘶哑的喉咙"，我感受到了一个为拯救祖国而四处奔走呼喊的赤子之情。不管眼前的土地是多么支离破碎，诗人的爱始终深挚执着，无怨无悔。他仍用嘶哑的歌声去慰藉大地母亲惨痛凄苦的心，去激发中华儿女的义愤。诗人就如那只鸟儿一样，毅然选择奉献自己战斗牺牲。在我们心目中，这是一只伟大无私的鸟，在完成了歌唱的使命之后，含笑投入大地母亲的怀抱，并渴望连羽毛也一齐腐烂在土地里面。鸟儿对土地的痴情，正是革命者视死如归的精神写照，这块土地养育的儿女是不会屈服于一切外来侵略者的，捐躯赴国难，视死忽如归的信念早已深深地镌刻在大地儿女们的心中。

"为什么我的眼里常含泪水？因为我对这土地爱得深沉……"这句诗，字字千钧，声震于耳，响遏行云。这是一位时代的吹号者用热血谱成的千古绝唱，更是一位爱国诗人光辉灿烂的人生写照。

精彩语句

1. 嘶哑的喉咙。

文中多次提到"嘶哑的喉咙"，可见诗人的爱国深情。"嘶哑"表达出"鸟儿"歌唱不已，哪怕唱至喉咙充血，声音嘶哑，面对困难斗争几多悲伤，也不会停息对大地的歌唱，不会停止对祖国的爱的表达。

2.这是一位时代的吹号者用热血谱成的千古绝唱，更是一位爱国诗人光辉灿烂的人生写照。

结尾作者高度赞扬了诗人的爱国情操，照应开头，深化主题。

妙笔生花

读过艾青的《我爱这土地》，你有何感想呢？动动手中的笔，写下来吧！

_____

_____

_____

_____

_____

_____

////////////////////////// 知识乐园 //////////////////////////

一、下列诗句中，与"然后我死了，连羽毛也腐烂在土地里面"的意境最为相似的一句是（　　）。

A.零落成泥碾作尘，只有香如故

B.衣带渐宽终不悔，为伊消得人憔悴

C.落红不是无情物，化作春泥更护花

D.春蚕到死丝方尽，蜡炬成灰泪始干

二、阅读诗歌，回答问题。

1.这首诗的感情基调是＿＿＿＿＿。诗中最能点明主旨的诗句是＿＿＿＿＿＿＿＿＿＿＿＿＿＿＿＿＿＿＿。

2.这首诗中"土地"象征着＿＿＿＿＿＿＿＿；"河流"象征着＿＿＿＿＿＿；"风"象征着人民对侵略者的愤怒；"黎明"象征着＿＿＿＿＿＿。

3.本诗的开头作者为什么将自己假设成一只鸟？

＿＿＿＿＿＿＿＿＿＿＿＿＿＿＿＿＿＿＿＿＿＿＿＿＿＿

＿＿＿＿＿＿＿＿＿＿＿＿＿＿＿＿＿＿＿＿＿＿＿＿＿＿＿

＿＿＿＿＿＿＿＿＿＿＿＿＿＿＿＿＿＿＿＿＿＿＿＿＿＿＿

＿＿＿＿＿＿＿＿＿＿＿＿＿＿＿＿＿＿＿＿＿＿＿＿＿＿＿

＿＿＿＿＿＿＿＿＿＿＿＿＿＿＿＿＿＿＿＿＿＿＿＿＿＿＿

三、照样子，仿写诗歌。

年龄

爷爷的年龄，
写在脸上的皱纹里；
马儿的年龄，
写在嘴里的牙齿上；

＿＿＿＿＿＿＿＿＿＿＿＿＿＿＿＿＿＿＿＿＿＿＿＿＿＿＿

＿＿＿＿＿＿＿＿＿＿＿＿＿＿＿＿＿＿＿＿＿＿＿＿＿＿＿

＿＿＿＿＿＿＿＿＿＿＿＿＿＿＿＿＿＿＿＿＿＿＿＿＿＿＿

＿＿＿＿＿＿＿＿＿＿＿＿＿＿＿＿＿＿＿＿＿＿＿＿＿＿＿

作家经典作品

自主阅读

黎 明

当我还不曾起身

两眼闭着

听见了鸟鸣

听见了车声的隆隆

听见了汽笛的嘶叫

我知道

你又叩开白日的门扉了……

黎明,

为了你的到来

我愿站在山坡上,

像欢迎

从田野那边疾奔而来的少女,

向你张开两臂——

因为你,

你有她的纯真的微笑,

和那使我迷恋的草野的清芬。

我怀念那：

同着伙伴提了篾^① 篮

到田堤上的豆棚下

采撷豆荚的美好的时刻啊——

我常进到最密的草丛中去，

让露水浸透了我的草鞋，

泥浆也溅满我的裤管，

这是自然给我的抚慰，

我将狂欢而跳跃……

我也记起

在远方的城市里

在浓雾蒙住建筑物的每个早晨，

我常爱在街上无目的地奔走，

为的是

你带给我以自由的愉悦，

和工作的热情。

但我却不愿

看见你罩上忧愁的面纱——

因我不能到田间去了，

也不能在街上奔跑——

一切都沉默着，

---

① 篾（miè）：竹子劈成的薄片，也泛指苇子或高粱秆上劈下的皮。

望着阴郁的雨滴徘徊在我的窗前

我会联想到：死亡，战争，

和人间一切的不幸……

黎明啊，

要是你知道我曾对你

有比对自己的恋人

更不敢拂逆和迫切的期待啊——

当我在那些苦难的日子，

悠长的黑夜

把我抛弃在失眠的卧榻上时，

我只会可怜地凝视着东方，

用手按住温热的胸膛里的急迫的心跳

等待着你——

我永远以坚苦的耐心，

希望在铁黑的天与地之间

会裂出一丝白线——

纵使你像故意磨折我似的延迟着，

我永不会绝望，

却只以燃烧着痛苦的嘴

问向东方：

"黎明怎不到来？"

而当我看见了你

披着火焰的外衣，

从天边来到阴暗的窗口时啊——

我像久已为饥渴哭泣得疲乏了的婴孩，

看见母亲为他解开裹住乳房的衣襟

泪眼迸出微笑，

心儿感激着，

我将带着呼唤

带着歌唱

投奔到你温煦的怀里。

一九三七年五月二十三日晨

辽 阔

辽阔的夜，已把
天幕廓成辽阔了！

无垠的辽阔之底
闪着一颗晶莹的星……

你说，那就是
我们的计程碑吗？

辽阔的夜，在辽阔的
天幕之下益显得辽阔了……

九百个

一

渔阳，
快到了吧？

夜是这般黝黑，
风是这般凄厉。
我们身上淋着雨水，
我们的脚溅着泥浆。

渔阳，
还有多少路？
疲乏压着我们的背，
饥饿拉住我们的腿。
长官叱骂着我们，
皮鞭抽打着我们；

渔阳，

还有几天呢？

我们走过无边的原野，

我们走过荒原的秋林：

悠长的黑的夜啊！

困苦的泥泞的路啊！

渔阳，

快到了吧？

二

在沓杂的脚步声里，听：

"我们没有幸福，

我们都是奴隶！"

"我们的生活，

饥饿，疾病，耻辱！

他们的生活，

温饱，骄奢，淫逸！"

在沓杂的脚步声里，听：

"田地要荒了，
果园也将长满野草；
遥望烟雾弥漫的天边，
我们妻女的眼泪，将
洒在故乡枯干的土地上……"

在沓杂的脚步声里，听：
"纳不出给秦国的税，
我们的田地将被占据；
还不了债主们的债，
我们的妻女将被奸污！"

在沓杂的脚步声里，听：
"昨天，
我们流尽劳动的苦汗，
造成剥削者的安乐；
昨天，
我们溅出生命的鲜血，
去保卫秦皇的幸福。"

在沓杂的脚步声里，听：
"我们没有幸福，
我们都是奴隶！"

三

在林子里
有个村
叫大泽乡。

雨更大了，
我们躺下吧！
我们不走了吧！

雨更大了，
我们——九百个
躺在村边的破庙里，
我们——九百个
个个都在忧伤！

雨在哭泣着：
但，大泽乡
今夜欢笑着：
——土豪们在欢宴
秦国的长官。

看，雨的那边

大泽乡的姑娘
华衣招展——
今夜，她们是
秦国长官的陪宾。

听，雨的那边
大泽乡
飘在笙歌里……
听，雨的那边
大泽乡
浸在笑浪里……

醉吧，
悬灯结彩的大泽乡！

雨呜咽着，
九百个边防军
个个在恐怖着——
因为秦国
有庄严的军律：
"迟到者法斩"。

村已沉睡了；
但雨醒着，我们

九百个醒着——
个个的心里
都静静地
随着淫淫的雨
烧起
愤恨的火……

在林子里
有个村
叫大泽乡。

我们不走了吧！
雨，你任性地打吧！

四

"布满了乌云的夜，
站在浩荡的长江边上
静听着波涛冲击的声响，
从隔江的林子，随风吐出
秋天的浓烈的气息……
我恨你被雨水倾打着的
赭色的林子啊！
从那里，长出了

我们悲苦的命运——
当我伫立在
这破庙的门前
向那天的边际凝视啊
杂着江水冲打的声音
无边的旷野不断地
流出村犬的吠声:
黑邃的土地也不断地
送出我永远难忘的
痛苦的记忆……
土地啊!和你一样
我们是被暴乱的风雨
吹打惯了的农夫;
江河啊!和你一样
我们的心里也有巨大的
争斗的叫喊潜伏着!
我们啊!永远是
土地的儿子,
江河的儿子。
……
看,
从破庙的里面
以高大的黑影
向这边走来的

是谁呀？"

"兄是陈胜，
弟是吴广。
但，我问你
你的眼为什么含着泪？
你的厚唇却又宽怀地笑着？
你的发像一簇临风的野草；
你的拳头有如坚硬的石块……
陈胜呀！
把你的痛苦告诉我吧！"

"既然兄是陈胜，
弟是吴广，
我们的一切都是一样：
昨天，我们是田里的佣奴——
我们血汗的收获
不够还足秦国的课税；
今天，我们是兵士
被遣发到边域去，
在那里，我们用
千万人的生命
筑成秦皇幸福的墙围；
而敌人的骑士

勇敢里带着残忍。
所以往北方去的
从没有归来的消息——
任我们的母亲、妻子和儿女
流干了期待的眼泪，
我们的尸骨将永埋在荒草里
如今，我们的行期
已被风雨的阻碍延误了！
依照秦国的军律
我们将被处死——
像镰刀割着丛草；
你我都是旷野上的好汉
生来具有宏伟的心胸
在田野的苦厄里
早已萌起战斗的志愿。
起来吧！
去唤醒
我们成千的兄弟，
整列着队伍
和暴压的秦皇对抗！
我是陈胜，
你是吴广！"

五

在到大泽乡的第七天，
晨曦刚掠过破庙的檐头，
兵士们聚集在稻草堆上，
三三五五地分散着，
传述一种星火似的消息：
昨晚从林子里飘来
有"拥护陈胜"的呼喊，
——陈胜是他们的兄弟
知道九百个痛苦
像知道他自己的痛苦一样，
兵士们的心里
个个都充满着欢喜

像春阳照临大地
泛滥着一种光明的希冀；
吴广在兵士与兵士之间
有如水田里的青蛙
嘶声地喊，叫起了
九百只的青蛙，
在破庙的四角响应！

当雨水更疯狂地由头顶落下
那两个长官从破庙外走来，
踉踉跄跄地；
冒着血丝的眼
还留着昨夜
美酒，女人，脂粉的醉意，
跑到破庙门口，他们
突然圆瞪着眼
叱骂着星散的兵士，
说他们是狗，是畜类……
这时候，
九百个的心
早已串成一条
复仇的链索了！
那大汉子——吴广
摆动着宽大的肩膀，
一步步地逼近长官，
以果敢的话语
向静寂的空气掷去：
"我们一共九百个，
个个都在受苦，
没有白日和黑夜，
冒着风雨奔走，
已经九天了——

我们在这潮湿的泥地上，
腐烂的稻草堆里，
挨过悠长的夜。
九百个没有一个睡眠！
那两个长官的眼里
顿时冒着火焰，
破庙的四角也在骚动了！
这时，一个长官的身子
已被几个兵士扭倒在地上，
另外的一个，从腰边
抽出闪光的剑，
迅速地向吴广的胸口刺来，
吴广以敏捷的手
抵开了剑锋，
把身子往他的左面一转，
扭住了长官拿剑柄的手，
夺过了剑子，向平空
猛然地一击，于是
长官的头颅
带着飞溅的血
滚在稻草上……

九百个
在倾盆的雨声里

一齐地喊着：
"拥护陈胜！
拥护吴广！"

六

"拥护陈胜！
拥护吴广！"

"兄弟们，
天是这样下雨，
我们又过着饥饿的日子，
到渔阳早已误过了日期，
照秦国的军律，
我们——九百个
个个都要处死，
既然要死
应该死在战斗里！
应该死得光荣！
秦皇和他所属的
贪官污吏，
大腹贾，土豪们，
全是寄生虫，
吸吮我们血液的野兽，

我们的劳力

造成他们的财富；

如今，秦皇

又把我们往沙漠边上送，

在北方，朔风将像皮鞭

抽打我们的身体，

敌人的马队，在夜里

将震惊魂魄地驰过；

而他们——统治者

却在后方过着欢笑的日子……

你们知道吗——

阿房宫有着永远的春色。

他们看不见

我们洒在边疆的血液！

怎会想起我们

曝晒在荒野上的枯骨？

今天，他们为了维持

他们永久的淫逸，

我们——九百个的生命

像野草等待刈割

将成了他们军法的牺牲！

兄弟们啊！

在大地上

我们从来没有幸福，

但，天生了你我

有什么和他们两样？"

九百个

在倾盆的雨声里

一齐地喊着：

"反对到渔阳！

打倒秦皇！"

七

大泽乡咆哮了！

在狂暴的风声里，

冲出了九百个的吼叫，

那一片汪洋的大水，

象征着叛乱者的意志，

泛滥出千万年的积郁，

击碎军纪的链索，

冲陷法律的堤岸

他们的队伍是最坚强的！

而天幕下一切受辱的人们，

将应和着他们的叫喊

从林间，从茅舍，

从每个黑暗的角落奔出，

提供了自己的生命，

去扑杀那共同的仇敌！

看，那无数的黑色之群

汹涌着来了——

从黑色的土地

到黑色的土地……

他们的武器，

就是那几千年来翻掘土地的

锄头，

和永远伴着他们的

镰刀，

他们拔起竹竿，

当作义举的大纛①；

那不止的风雨，

成了他们的战鼓；

他们前进，他们呼喊

那粗暴的声音，

震颤了深厚的地层！

阵线随着时间

在田野上迅速地张开着——

谁能说这就是

秦皇统治的全领域？

大地摆荡着，

扬子江也在跳跃了！

---

① 纛（dào）：古代军队里的大旗。

九百个做了他们的先驱

勇敢无畏地迈进着……

他们所到的地方

没有阻碍，因为

正义是属于他们的；

耻辱的将变成光荣；

束缚的也得了解放，

莫说他们凶暴得像野兽，

他们要争取生活的权利！

人们应该祝福他们胜利，

因为他们

才是大地真正的主人！

窗

在这样绮丽的日子
我悠悠地望着窗
也能望见她
她在我幻想的窗里
我望她也在窗前
用手支着丰满的下颌
而她柔和的眼
则沉浸在思念里

在她思念的眼里
映着一个无边的天
那天的颜色
是梦一般青的
青的天的上面
浮起白的云片了
追踪那云片
她能望见我的影子

是的，她能望见我
也在这样的日子
因我也是生存在
她幻想的窗里的

梦

我们挤在一间大房子里
房子是在旷野上的
老人痉挛地摇着头
——想把恐怖从他的头上摆去
这么多的人却没有一点声音
像有火车从远处驰来……
屋角有人在惊叫：
"飞机　飞机　飞机"
啊，
从挤满人的窗下
向铅灰色的天看哪……
"就在我们这房子的上面！"
黑色的巨翼盖满了灰色的天
还是出去吧
不论老的和带着小孩的
让不会走的给背去！
哪儿来的这么多人
快点离开这房子吧

旷野从什么时候起变成这样了？

没有树　没有草

一片青色到哪儿去？

还有那些花香呢？

——我好像在这里躺过的

那日子是红的　绿的　黄的　紫的

谁欢喜这烧焦了的气息？

谁欢喜天边的那片混浊的猩红？

不像朝云！不像晚霞！

你们为什么走那边呢

（让小孩不要哭吧）

那一条路可以通到安静的地带吗？

咳，谁能给我们一个指示的手势？

天压得更低了……

又是飞机　飞机

看，那边

扬起了泥土

房子倒了

砖飞得那么高——落下了

啊，是的

所有的树和草都是这样死去的；

但是，我们像树和草吗？

让我们不再走了吧

也不要回到避难所去！

我们应该有一个钢盔

每人应该戴上自己的钢盔。

附记：一九三七年春天的一个晚上，我在战争的预感里做了一个梦，这诗是完全依照着那梦记录下来的——连最后的尾巴都是。

太　阳

从远古的墓茔 ①

从黑暗的年代

从人类死亡之流的那边

震惊沉睡的山脉

若火轮飞旋于沙丘之上

太阳向我滚来……

它以难遮掩的光芒

使生命呼吸

使高树繁枝向它舞蹈

使河流带着狂歌奔向它去

当它来时，我听见

冬蛰的虫蛹转动于地下

群众在旷场上高声说话

城市从远方

用电力与钢铁召唤它

---

① 墓茔（mù yíng）：坟茔。

于是我的心胸

被火焰之手撕开

陈腐的灵魂

搁弃在河畔

我乃有对于人类再生之确信

一九三七年春

煤的对话

你住在哪里？

我住在万年的深山里
我住在万年的岩石里

你的年纪——

我的年纪比山的更大
比岩石的更大

你从什么时候沉默的？

从恐龙统治了森林的年代
从地壳第一次震动的年代

你已死在过深的怨愤里了吗？

死？不，不，我还活着——
请给我以火，给我以火！

一九三七年春

春

春天了

龙华的桃花开了

在那些夜间开了

在那些血斑点点的夜间

那些夜是没有星光的

那些夜是刮着风的

那些夜听着寡妇的咽泣

而这古老的土地呀

随时都像一只饥渴的野兽

舐吮着年轻人的血液

顽强的人之子的血液

于是经过了悠长的冬日

经过了冰雪的季节

经过了无限困乏的期待

这些血迹，斑斑的血迹

在神话般的夜里

在东方的深黑的夜里

爆开了无数的蓓蕾

点缀得江南处处是春了
人问：春从何处来？
我说：来自郊外的墓窟。

一九三七年四月

复活的土地

腐朽的日子
早已沉到河底，
让流水冲洗得
快要不留痕迹了；

河岸上
春天的脚步所经过的地方，
到处是繁花与茂草；
而从那边的丛林里
也传出了
忠心于季节的百鸟之
高亢的歌唱。

播种者呵
是应该播种的时候了，
为了我们肯辛勤地劳作
大地将孕育
金色的颗粒。

就在此刻，
你——悲哀的诗人呀，
也应该拂去往日的忧郁，
让希望苏醒在你自己的
久久负伤着的心里：

因为，我们的曾经死了的大地，
在明朗的天空下
已复活了！
——苦难也已成为记忆，
在它温热的胸膛里
重新漩流着的
将是战斗者的血液。

一九三七年七月六日　沪杭路上

太阳的话

打开你们的窗子吧
打开你们的板门吧
让我进去，让我进去
进到你们的小屋里

我带着金黄的花束
我带着林间的香气
我带着亮光和温暖
我带着满身的露水

快起来，快起来
快从枕头里抬起头来
睁开你的被睫毛盖着的眼
让你的眼看见我的到来

让你们的心像小小的木板房
打开它们的关闭了很久的窗子
让我把花束，把香气，把亮光，
把温暖和露水撒满你们心的空间。

一九四二年一月十四日

野　火

在这些黑夜里燃烧起来

在这些高高的山巅上

伸出你的光焰的手

去抚扪夜的宽阔的胸脯

去抚扪深蓝的冰凉的胸脯

从你的最高处跳动着的尖顶

把你的火星飞飏起来

让它们像群仙似的飘落在

那些莫测的黑暗而又冰冷的深谷

去照见那些沉睡的灵魂

让它们即使在缥缈的梦中

也能得到一次狂欢的舞蹈

在这些黑夜里燃烧起来

更高些！更高些！

让你的欢乐的形体

从地面升向高空

使我们这困倦的世界

因了你的火光的鼓舞

苏醒起来！喧腾起来！

让这黑夜里的一切的眼

都在看望着你

让这黑夜里的一切的心

都因了你的召唤而震荡

欢笑的火焰呵

颤动的火焰呵

听呀　从什么深邃的角落

传来了那赞颂你的瀑布似的歌声……

一九四二年　陕北

播谷鸟集（七首）

耙　地

一匹马
拉着耙
向前
向前

人站在耙上
像站在筏上
耙的前面
土地像河流
耙的后面
土块像水浪

杨柳青了
草也绿了

花也开了

鸟也叫了

马跑着

耙向前

向前

两只白蝴蝶

从地里

飞过……

地多么宽

地多么广

耙飞跑着

飞跑着

来来

往往

耙上的人

一边吆喝

一边唱歌

"东方红

太阳升……"

送 粪

咯隆隆

咯隆隆

谁家的媳妇

露出粗壮的胳膊

迈着大步

推着土车

一车一车

把圈粪送到地里

额上流着汗

嘴上含着笑

她的眼睛在说

以后的日子好了

肥料下地广

粮食收满仓

咯隆隆

咯隆隆

土车也一样

不像往年

老是咯吱吱

咯吱吱地啼哭

如今变了

它大声地笑着

从村庄到野地

从野地到村庄

咯隆隆

咯隆隆

浇　地

驴子走

水车① 转

一个妇女

坐在水车边

她的怀里

躺着一个小孩

睡得甜又甜

驴子走

---

① 水车：1.使用人力或畜力的旧式提水灌溉工具。2.以水流做动力的旧式动力机械装置，可以带动石磨、风箱等。3.运送水的车。

水车转
驴子走慢了
妇女就吆喝一声
驴子又加快了

转了几转
驴子走
水车转

水从水斗
倒出来
沿着土沟
往下流
流到地里
地里白晃晃发亮

这是新分到的土地
这是发香的土地
这是亲爱的土地

驴子走
水车转

一个男子

用锄头引水

水头向前渗

向前渗

浸透了干土

驴子走

水车转

太阳下山了

天也暗了

但他们还不回去

好像连夜里

也要宿在地里

掏　土

老乡啊

刮大风了

天也要黑了

快休息吧

只他一个人

一锄又一锄

掏着黄土

用手抹着汗
天快黑了
他也不知道

老乡啊
风刮得好大
树都摇摆了
天已黑了
快休息吧
不
春发东风连夜雨
趁雨没有来
把地掏松
雨来了
让它浸个透
等天晴了
撒下种子

春　雨

云从东方来
天下雨了
从东到西
从南到北

雨洒着冀中平原

农民牵着牲口

回去了

水车不转了

轮子停了

到处都淋着雨水

到处都好像在笑

一个农妇

站在门口看着雨

笑着说

"有了地了

天又下雨了

真的翻了身"

往年

榆树皮

槐树子

绿豆壳子

谷糠饼子

什么都吃

麦子和谷子

进了地主的肚子

从今以后

地是自己的

一想到

打下的粮食

全归自己

她的心开花了

春雨贵如油

拼命地下吧

把土地灌透

八十三场雨

一亩六七亩

吃穿不用愁

喜　鹊

村子的边上

有一排高树

最高的枝枝上

有一个喜鹊窝

喜鹊站在树巅

最早看见太阳

它哑着嗓子说

"太阳出来了！

太阳出来了！"

长长的尾巴

一翘一翘……

它从树巅飞走了

飞到野地里

一个农民

站在耙上

赶着两匹驴子

从地的这一头

到地的那一头

喜鹊朝着农民

哑着嗓子说

"日子好了

恭喜！恭喜！"

播谷鸟

年年春天

播谷鸟在叫唤

"割麦插禾

割麦插禾

地主吃饱

农民受饿”

播谷鸟，播谷鸟

看见农民的辛苦

看见打下的粮食

送进地主的仓库

它的叫唤像在哭

叫人听了真难过

今年春天

播谷鸟又叫唤

声音可不同了

"春雷响过

雨也下过

翻了身的人

快种谷！"

一九四八年春　获鹿

一个黑人姑娘在歌唱

在那楼梯的边上，
有一个黑人①姑娘，
她长得十分美丽，
一边走一边歌唱……

她心里有什么欢乐？
她唱的可是情歌？
她抱着一个婴儿，
唱的是催眠的歌。

这不是她的儿子，
也不是她的弟弟；
这是她的小主人，
她给人看管孩子；

一个是那样黑，

---

① 黑人：指黑种人。

黑得像紫檀木；

一个是那样白，

白得像棉絮；

一个多么舒服，

却在不住地哭；

一个多么可怜，

却要唱欢乐的歌。

　　　　一九五四年七月十七日　里约热内卢

礁　石

一个浪，一个浪

无休止地扑过来

每一个浪都在它脚下

被打成碎沫，散开……

它的脸上和身上

像刀砍过的一样

但它依然站在那里

含着微笑，看着海洋……

一九五四年七月二十五日

小蓝花

小小的蓝花
开在青色的山坡上
开在紫色的岩石上

小小的蓝花
比秋天的晴空还蓝
比蓝宝石还蓝

小小的蓝花
是山野的微笑
寂寞而又深情

一九五六年

高　原

这儿的白天
为什么热

这儿太高
离太阳近

这儿的夜晚
为什么冷

这儿太高
离月亮近

为什么离太阳近了热
为什么离月亮近了冷

太阳是火
月亮是冰

启明星

属于你的是
光明与黑暗交替
黑夜逃遁
白日追踪而至的时刻

群星已经退隐
你依然站在那儿
期待着太阳上升

被最初的晨光照射
投身在光明的行列
直到谁也不再看见你

一九五六年八月

他起来了

他起来了——
从几十年的屈辱里
从敌人为他掘好的深坑旁边

他的额上淋着血
他的胸上也淋着血
但他却笑着
——他从来不曾如此地笑过

他笑着
两眼前望且闪光
像在寻找
那给他倒地的一击的敌人

他起来了
他起来
将比一切兽类更勇猛
又比一切人类更聪明

因为他必须如此

因为他

必须从敌人的死亡

夺回来自己的生存

一九三七年十月十二日　杭州

雪落在中国的土地上

雪落在中国的土地上，
寒冷在封锁着中国呀……

风，
像一个悲哀的老妇，
紧紧地跟随着
伸出寒冷的指爪
拉扯着行人的衣襟，
用着像土地一样古老的话
一刻也不停地絮聒着……

那从林间出现的，
赶着马车的
你中国的农夫①
戴着皮帽
冒着大雪
你要到哪儿去呢？

---

① 农夫：旧时称从事农业生产的男子。

告诉你
我也是农人的后裔——
由于你们的
刻满了痛苦的皱纹的脸
我能如此深深地
知道了
生活在草原上的人们的
岁月的艰辛。

而我
也并不比你们快乐啊
——躺在时间的河流上
苦难的浪涛
曾经几次把我吞没而又卷起——
流浪与监禁
已失去了我的青春的
最可贵的日子，
我的生命
也像你们的生命
一样的憔悴呀

雪落在中国的土地上，
寒冷在封锁着中国呀……

沿着雪夜的河流，

一盏小油灯在徐缓地移行，

那破烂的乌篷船里

映着灯光，垂着头

坐着的是谁呀？

——啊，你

蓬发垢面的少妇，

是不是

你的家

——那幸福与温暖的巢穴——

已被暴戾的敌人

烧毁了吗？

是不是

也像这样的夜间，

失去了男人的保护，

在死亡的恐怖里

你已经受尽敌人刺刀的戏弄？

咳，就在如此寒冷的今夜，

无数的

我们的年老的母亲，

都蜷伏在不是自己的家里，

就像异邦人
不知明天的车轮
要滚上怎样的路程……
——而且
中国的路
是如此的崎岖
是如此的泥泞呀。

雪落在中国的土地上，
寒冷在封锁着中国呀……

透过雪夜的草原
那些被烽火所啮啃着的地域，
无数的，土地的垦殖者
失去了他们所饲养的家畜
失去了他们肥沃的田地
拥挤在
生活的绝望的污巷里：
饥馑的大地
朝向阴暗的天
伸出乞援的
颤抖着的两臂。

中国的苦痛与灾难
像这雪夜一样广阔而又漫长呀！

雪落在中国的土地上，
寒冷在封锁着中国呀……

中国，
我的在没有灯光的晚上
所写的无力的诗句
能给你些许的温暖吗？

一九三七年十二月二十八日夜间

手推车

在黄河流过的地域

在无数的枯干了的河底

手推车

以唯一的轮子

发出使阴暗的天穹痉挛的尖音

穿过寒冷与静寂

从这一个山脚

到那一个山脚

响彻着

北国人民的悲哀

在冰雪凝冻的日子

在贫穷的小村与小村之间

手推车

以单独的轮子

刻画在灰黄土层上的深深的辙迹

穿过广阔与荒漠

从这一条路

到那一条路

交织着

北国人民的悲哀

一九三八年初

北　方

一天
那个科尔沁草原上的诗人
对我说：
"北方是悲哀的。"

不错
北方是悲哀的。
从塞外吹来的
沙漠风，
已卷去北方的生命的绿色
与时日的光辉
——一片暗淡的灰黄
蒙上一层揭不开的沙雾；
那天边疾奔而至的呼啸
带来了恐怖
疯狂的
扫荡过大的
荒漠的原野

冻结在十二月的寒风里，

村庄呀，山坡呀，河岸呀，

颓垣与荒冢①呀

都披上了土色的忧郁……

孤单的行人，

上身俯前

用手遮住了脸颊，

在风沙里

困苦地呼吸

一步一步地

挣扎着前进……

几只驴子

——那有悲哀的眼

和疲乏的耳朵的畜生，

载负了土地的

痛苦的重压，

它们厌倦的脚步

徐缓地踏过

北国的

修长而又寂寞的道路……

那些小河早已枯干了

河底也已画满了车辙，

---

① 冢（zhǒng）：坟墓。

北方的土地和人民

在渴求着

那滋润生命的流泉啊！

枯死的林木

与低矮的住房

稀疏地，阴郁地

散布在灰暗的天幕下；

天上，

看不见太阳，

只有那结成大队的雁群

惶乱的雁群

击着黑色的翅膀

叫出它们的不安与悲苦，

从这荒凉的地域逃亡

逃亡到

绿荫蔽天的南方去了……

北方是悲哀的

而万里的黄河

汹涌着混浊的波涛

给广大的北方

倾泻着灾难与不幸；

而年代的风霜

刻画着

广大的北方的

贫穷与饥饿啊。

而我

——这来自南方的旅客，

却爱这悲哀的北国啊。

扑面的风沙

与入骨的冷气

决不曾使我咒诅；

我爱这悲哀的国土，

一片无垠的荒漠

也引起了我的崇敬

——我看见

我们的祖先

带领了羊群

吹着笳笛

沉浸在这大漠的黄昏里；

我们踏着的

古老的松软的黄土层里

埋有我们祖先的骸骨啊，

——这土地是他们所开垦

几千年了

他们曾在这里

和带给他们以打击的自然相搏斗

他们为保卫土地
从不曾屈辱过一次，
他们死了
把土地遗留给我们——
我爱这悲哀的国土，
它的广大而瘦瘠的土地
带给我们以淳朴的言语
与宽阔的姿态，
我相信这言语与姿态
坚强地生活在大地上
永远不会灭亡；
我爱这悲哀的国土，
古老的国土
——这国土
养育了为我所爱的
世界上最艰苦
与最古老的种族。

一九三八年二月四日　潼关

向太阳

从远古的墓茔

从黑暗的年代

从人类死亡之流的那边

震惊沉睡的山脉

若火轮飞旋于沙丘之上

太阳向我滚来……

——引自旧作《太阳》

一　我起来

我起来——

像一只困倦的野兽

受过伤的野兽

从狼藉着败叶的林薮①

从冰冷的岩石上

挣扎了好久

---

① 林薮（sǒu）：指山林水泽，草木丛生的地方。也比喻事物聚集的场所。

支撑着上身

睁开眼睛

向天边寻觅……

我——

是一个

从遥远的山地

从未经开垦的山地 ^①

到这几千万人

用他们的手劳作着

用他们的嘴呼嚷着

用他们的脚走着的城市来的

旅客，

我的身上

酸痛的身上

深刻的留着

风雨的昨夜的

长途奔走的疲劳

但

我终于起来了

---

① 山地：多山的地带。

我打开窗

用囚犯第一次看见光明的眼

看见了黎明

——这真实的黎明啊

（远方

似乎传来了群众的歌声）

于是　我想到街上去

二　街上

早安呵

你站在十字街头

车辆过去时

举着白袖子的手的警察

早安呵

你来自城外的

挑着满箩绿色的菜贩

早安呵

你打扫着马路的

穿着红色背心的清道夫

早安呵

你提了篮子，第一个到菜场去的

棕色皮肤的年轻的主妇

我相信

昨夜

你们决不像我一样

被不停的风雨所追踪

被无止的噩梦所纠缠

你们都比我睡得好啊！

三　昨天

昨天

我在世界上

用可怜的期望

喂养我的日子

像那些未亡人

披着麻缕

用可怜的回忆

喂养她们的日子一样

昨天

我把自己的国土

当作病院

——而我是患了难于医治的病的

没有哪一天

我不是用迟滞的眼睛

看着这国土的

没有边际的凄惨的生命……

没有哪一天

我不是用呆钝的耳朵

听着这国土的

没有止息的痛苦的呻吟

昨天

我把自己关在

精神的牢房里

四面是灰色的高墙

没有声音

我沿着高墙

走着又走着

我的灵魂

不论白日和黑夜

永远地唱着

一曲人类命运的悲歌

昨天

我曾狂奔在

阴暗而低沉的天幕下的

没有太阳的原野

到山巅上去

伏倒在紫色的岩石上

流着温热的眼泪

哭泣我们的世纪

现在好了

一切都过去了

四　日出

当它来时……

城市从远方

用电力与钢铁召唤它

——引自旧作《太阳》

太阳

从远处的高层建筑

——那些水门汀与钢铁所砌成的山

和那成百的烟突

成千的电线杆子

成万的屋顶

所构成的

密丛的森林里

出来了……

在太平洋

在印度洋

在红海

在地中海

在我最初对世界怀着热望

而航行于无边蓝色的海水上的少年时代

我都曾看着美丽的日出

但此刻

在我所呼吸的城市

喷发着煤油的气息

柏油的气息

混杂的气息的城市

敞开着金属的胴体

矿石的胴体

电火的胴体的城市

宽阔的

承受黎明的爱抚的城市

我看见日出

比所有的日出更美丽

五　太阳之歌

是的

太阳比一切都美丽

比含露的花朵

比白雪

比蓝的海水

太阳是金红色的圆体

是发光的圆体

是在扩大着的圆体

惠特曼

从太阳得到启示

用海洋一样开阔的胸襟

写出海洋一样开阔的诗篇

凡谷

从太阳得到启示

用燃烧的笔

蘸着燃烧的颜色

画着农夫耕犁大地

画着向日葵

邓肯

从太阳得到启示

用崇高的姿态

披示给我们以自然的旋律

太阳

它更高了

它更亮了

它红得像血

太阳

它使我想起　法兰西　美利坚的革命

想起　博爱　平等　自由

想起　德谟克拉西

想起　《马赛曲》《国际歌》

想起　华盛顿　列宁　孙逸仙

和一切把人类从苦难里拯救出来的

人物的名字

是的

太阳是美的

且是永生的

六　太阳照在

初升的太阳

照在我们的头上

照在我们的久久的低垂着

不曾抬起过的头上

太阳照着我们的城市和村庄
照着我们的久久地住着
屈服在不正的权力下的城市和村庄
太阳照着我们的田野，河流和山峦
照着我们的从很久以来
到处都蠕动着痛苦的灵魂的
田野，河流和山峦……

今天
太阳的炫目的光芒
把我们从绝望的睡眠里刺醒了
也从那遮掩着无限痛苦的迷雾里
刺醒了我们的城市和村庄
也从那隐蔽着无边忧郁的烟雾里
刺醒了我们的田野，河流和山峦
我们仰起了沉重的头颅
从濡湿的地面
一致地
向高空呼嚷
"看我们
我们
笑得像太阳！"

七　在太阳下

"看我们

我们

笑得像太阳！"

那边

一个伤兵

支撑着木制的拐杖

沿着长长的墙壁

跨着宽阔的步伐

太阳照在他的脸上

照在他纯朴地笑着的脸上

他一步一步地走着

他不知道我在远处看着他

当他的披着绣有红十字的灰色衣服的

高大的身体

走近我的时候

这太阳下的真实的姿态

我觉得

比拿破仑的铜像更漂亮

太阳照在

城市的上空

街上的人

这么多，这么多

他们并不曾向我打招呼

但我向他们走去

我看着每一个从我身边走过的人

对他们

我不再感到陌生

太阳照着他们的脸

照着他们的

光洁的，年轻的脸

发皱的，年老的脸

红润的，少女的脸

善良的，老妇的脸

和那一切的

昨天还在惨愁着但今天却笑着的脸

他们都匆忙地

摆动着四肢

在太阳光下

来来去去地走着

——好像他们被同一的意欲所驱使似的

他们含着微笑的脸

也好像在一致地说着

"我们爱这日子

不是因为我们

看不见自己的苦难

不是因为我们

看不见饥饿与死亡

我们爱这日子

是因为这日子给我们

带来了灿烂的明天的

最可信的音讯。"

太阳光

闪烁在古旧的石桥上……

几个少女——

那些幸福的象征啊

背着募捐袋

在石桥上

在太阳下

唱着清新的歌

"我们是天使

健康而纯洁

我们的爱人

年轻而勇敢

有的骑战马

驰骋在旷野

有的驾飞机

飞翔在天空……"

（歌声中断了，她们在向行人募捐）

现在

她们又唱了

"他们上战场

奋勇杀敌人

我们在后方

慰劳与宣传

一天胜利了

欢聚在一堂……"

她们的歌声

是如此悠扬

太阳照着她们的

骄傲地挺起的胸脯

和袒露着的两臂

和发出尊严的光辉的前额

她们的歌

飘到桥的那边去了……

太阳的光

泛滥在街上

浴在太阳光里的

街的那边

一群穿着被煤烟弄脏了的衣服的工人

扛抬着一架机器

——金属的棱角闪着白光

太阳照在

他们流汗的脸上

当他们每一步前进时

他们发出缓慢而沉洪的呼声

"杭——唷

杭——唷

我们是工人

工人最可怜

贫穷中诞生

劳动里成长

一年忙到头

为了吃与穿

吃又吃不饱

穿又穿不暖

杭——唷

杭——唷

自从八一三

敌人来进攻

工厂被炸掉

东西被抢光

几千万工友

饥饿与流亡

我们在后方

要加紧劳动

为国家生产

为抗战流汗

一天胜利了

生活才饱暖

杭——唷

杭——唷……"

他们带着不止的杭唷声

转弯了……

太阳光

泛滥在旷场上

旷场上

成千的穿草黄色制服的士兵

在操演

他们头上的钢盔

和枪上的刺刀

闪着白光

他们以严肃的静默

等待着

那及时的号令
现在
他们开步了
从那整齐的步伐声里
我听见
"一！二！三！四！
一！二！三！四！
我们是从田野来的
我们是从山村来的
我们生活在茅屋
我们呼吸在畜棚
我们耕犁着田地
田地是我们的生命
但今天
敌人来到我们的家乡
我们的茅屋被烧掉
我们的牲口被吃光
我们的父母被杀死
我们的妻女被强奸
我们没有了镰刀与锄头
只有背上了子弹与枪炮
我们要用闪光的刺刀
抢回我们的田地
回到我们的家乡

消灭我们的敌人

敌人的脚踏到哪里

敌人的血流到哪里……

……

一！二！三！四！

一！二！三！四！

……"

这真是何等的奇遇啊……

八　今天

今天

奔走在太阳的路上

我不再垂着头

把手插在裤袋里了

嘴也不再吹那寂寞的口哨

不看天边的流云

不彷徨在人行道

今天

在太阳照着的人群当中

我决不专心寻觅

那些像我自己一样惨愁的脸孔了

今天

太阳吻着我昨夜流过泪的脸颊

吻着我被人世间的丑恶厌倦了的眼睛

吻着我为正义喊哑了声音的嘴唇

吻着我这未老先衰的

啊！快要佝偻了的背脊

今天

我听见

太阳对我说

"向我来

从今天

你应该快乐些呵……"

于是

被这新生的日子所蛊惑

我欢喜清晨郊外的军号的悠远的声音

我欢喜拥挤在忙乱的人丛里

我欢喜从街头敲打过去的锣鼓的声音

我欢喜马戏班的演技

当我看见了那些原始的，粗暴的，健康的运动

我会深深地爱着它们

——像我深深地爱着太阳一样

今天

我感谢太阳

太阳召回了我的童年了

九　我向太阳

我奔驰

依旧乘着热情的轮子

太阳在我的头上

用不能再比这更强烈的光芒

燃灼着我的肉体

由于它的热力的鼓舞

我用嘶哑的声音

歌唱了：

"于是，我的心胸

被火焰之手撕开

陈腐的灵魂

搁弃在河畔……"

这时候

我对我所看见，所听见

感到了从未有过的宽怀与热爱

我甚至想在这光明的际会中死去……

一九三八年四月　武昌

冬日的林子

我欢喜走过冬日的林子——
没有阳光的冬日的林子
干燥的风吹着的冬日的林子
天像要下雪的冬日的林子

没有色泽的冬日是可爱的
没有鸟的聒噪的冬日是可爱的
冬日的林子里一个人走着是幸福的
我将如猎者般轻悄地走过
而我绝不想猎获什么……

一九三九年二月十五日

吹号者

　　好像曾经听到人家说过，吹号者的命运是悲苦的，当他用自己的呼吸摩擦了号角的铜皮使号角发出声响的时候，常常有细到看不见的血丝，随着号声飞出来……

　　吹号者的脸常常是苍黄的……

一

在那些蜷卧在铺散着稻草的地面上的
困倦的人群里，
在那些穿着灰布衣服的污秽的人群里，
他最先醒来——
他醒来显得如此突兀
每天都好像被惊醒似的，
是的，他是被惊醒的，
惊醒他的
是黎明所乘的车辆的轮子
滚在天边的声音。

他睁开了眼睛，

在通宵不熄的微弱的灯光里

他看见了那挂在身边的号角，

他困惑地凝视着它

好像那些刚从睡眠中醒来

第一眼就看见自己心爱的恋人的人

一样欢喜——

在生活注定给他的日子当中

他不能不爱他的号角；

号角是美的——

它的通身

发着健康的光彩，

它的颈上

结着绯红的流苏。

吹号者从铺散着稻草的地面上起来了，

他不埋怨自己是睡在如此潮湿的泥地上，

他轻捷地绑好了裹腿，

他用冰冷的水洗过了脸，

他看着那些发出困乏的鼾声的同伴，

于是他伸手携去了他的号角；

门外依然是一片黝黑，

黎明没有到来，

那惊醒他的

是他自己对于黎明的

过于殷切的想望。

他走上了山坡，

在那山坡上伫立了很久，

终于他看见这每天都显现的奇迹：

黑夜收敛起她那神秘的帷幔，

群星倦了，一颗颗的散去……

黎明——这时间的新嫁娘啊

乘上有金色轮子的车辆

从天的那边到来……

我们的世界为了迎接她，

已在东方张挂了万丈的曙光……

看，

天地间在举行着最隆重的典礼……

二

现在他开始了，

站在蓝得透明的天穹①的下面，

他开始以原野给他的清新的呼吸

---

① 天穹：从地球表面上看，像半个球面似的覆盖着大地的天空。

吹送到号角里去，

——也夹带着纤细的血丝吗？

使号角由于感激

以清新的声响还给原野，

——他以对于丰美的黎明的倾慕

吹起了起身号，

那声响流荡得多么辽远啊……

世界上的一切，

充溢着欢愉

承受了这号角的召唤……

林子醒了

传出一阵阵鸟雀的喧吵，

河流醒了

召引着马群去饮水，

村野醒了

农妇匆忙地从堤岸上走过，

旷场醒了

穿着灰布衣服的人群

从披着晨曦的破屋中出来，

拥挤着又排列着……

于是，他离开了山坡，

又把自己消失到那

无数的灰色的行列中去。
他吹过了吃饭号，
又吹过了集合号，
而当太阳以轰响的光彩
辉煌了整个天穹的时候，
他以催促的热情
吹出了出发号。

三

那道路
是一直伸向永远没有止点的天边去的，
那道路
是以成万人的脚踩踏着
成千的车轮滚碾着的泥泞铺成的，
那道路
联结着一个村庄又联结一个村庄，
那道路
爬过了一个土坡又爬过一个土坡，
而现在
太阳给那道路镀上了黄金了，
而我们的吹号者
在阳光照着的长长的队伍的最前面，
以行进号

给前进着的步伐

做了优美的拍节……

四

灰色的人群

散布在广阔的原野上，

今日的原野呵，

已用展向无限去的暗绿的苗草

给我们布置成庄严的祭坛了：

听，震耳的巨响

响在天边，

我们呼吸着泥土与草混合着的香味，

却也呼吸着来自远方的烟火的气息，

我们蛰伏在战壕里，

沉默而严肃地期待着一个命令，

像临盆的产妇

痛楚地期待着一个婴儿的诞生，

我们的心胸

从来未曾有像今天这样的充溢着爱情，

在时代安排给我们的

——也是自己预定给自己的

生命之终极的日子里，

我们没有一个不是以圣洁的意志

准备着获取在战斗中死去的光荣啊！

五

于是，惨酷的战斗开始了——
无数千万的战士
在闪光的惊觉中跃出了战壕，
广大的，激剧地奔跑
威胁着敌人地向前移动……
在震撼天地的冲杀声里，
在绝不回头的一致的步伐里，
在狂流般奔涌着的人群里，
在紧密的连续的爆炸声里，
我们的吹号者
以生命所给予他的鼓舞，
一面奔跑，一面吹出了那
短促的，急迫的，激昂的，
在死亡之前决不中止的冲锋号，
那声音高过了一切，
又比一切都美丽，
正当他由于一种不能闪避的启示
任情地吐出胜利的祝祷的时候，
他被一颗旋转过他的心胸的子弹打中了！
他寂然地倒下去

没有一个人曾看见他倒下去，

他倒在那直到最后一刻

都深深地爱着的土地上，

然而，他的手

却依然紧紧地握着那号角；

在那号角滑溜的铜皮上，

映出了死者的血

和他的惨白的面容；

也映出了永远奔跑不完的

带着射击前进的人群，

和嘶鸣的马匹，

和隆隆的车辆……

而太阳，太阳

使那号角射出闪闪的光芒……

听啊，

那号角好像依然在响……

一九三九年三月末

他死在第二次

一　舁①床

等他醒来时
他已睡在舁床上
他知道自己还活着
两个弟兄抬着他
他们都不说话

天气冻结在寒风里
云低沉而移动
风静默地摆动树梢
他们急速地
抬着舁床
穿过冬日的林子

---

① 舁（yú）：共同用手抬。

经过了烧灼的急剧的痛楚

他的心现在已安静了

像刚经过了可怕的恶斗的战场

现在也已安静了一样

然而他的血

从他的臂上渗透了绷纱布

依然一滴一滴的

淋滴在祖国的冬季的路上

就在当天晚上

朝向和他的舁床相反的方向

那比以前更大十倍的庄严的行列

以万人的脚步

擦去了他的血滴所留下的紫红的斑迹

二　医院

我们的枪哪儿去了呢

还有我们的涂满血渍的衣服呢

另外的弟兄戴上我们的钢盔

我们穿上了绣有红十字的棉衣

我们躺着又躺着

看着无数的被金属的溶液

和瓦斯的毒气所啮蚀过的肉体

每个都以疑惧的深黑的眼

和连续不止的呻吟

迎送着无数的日子

像迎送着黑色棺材的行列

在我们这里

没有谁的痛苦

会比谁少些的

大家都以仅有的生命

为了抵挡敌人的进攻

迎接了酷烈的射击——

我们都曾把自己的血

流洒在我们所守卫的地方啊……

但今天，我们是躺着又躺着

人们说这是我们的光荣

我们却不要这样啊

我们躺着，心中怀念着战场

比怀念自己生长的村庄更亲切

我们依然欢喜在

烽火中奔驰前进呵

而我们，今天，我们

竟像一只被捆绑了的野兽

呻吟在铁床上

——我们痛苦着，期待着

要到何时呢？

三　手

每天在一定的时候到来

那女护士穿着白衣，戴着白帽

无言地走出去又走进来

解开负伤者的伤口的绷纱布

轻轻地扯去药水棉花

从伤口洗去发臭的脓与血

纤细的手指是那么轻巧

我们不会有这样的妻子

我们的姊妹也不是这样的

洗去了脓与血又把伤口包扎

那么轻巧，都用她的十个手指

都用她那纤细洁白的手指

在那十个手指的某一个上闪着金光

那金光晃动在我们的伤口

也晃动在我们的心的某个角落……

她走了仍是无言的

她无言地走了后我看着自己的一只手

这是曾经拿过锄头又举过枪的手

为劳作磨成笨拙而又粗糙的手

现在却无力地搁在胸前

长在负了伤的臂上的手啊

看着自己的手也看着她的手
想着又苦恼着
苦恼着又想着，
究竟是什么缘分啊
这两种手竟也被搁在一起？

四　愈合

时间在空虚里过去
他走出了医院
像一个囚犯走出了牢监
身上也脱去笨重的棉衣
换上单薄的灰布制服
前襟依然绣着一个红色的十字
自由，阳光，世界已走到了春天
无数的人们在街上
使他感到陌生而又亲切啊
太阳强烈地照在街上
从长期的沉睡中惊醒的
生命，在光辉里跃动
人们匆忙地走过
只有他仍是如此困倦
谁都不曾看见他——
一个伤兵，今天他的创口

已愈合了，他欢喜

但他更严重地知道

这愈合所含有的更深的意义

只有此刻他才觉得

自己是一个兵士

一个兵士必须在战争中受伤

伤好了必须再去参加战争

他想着又走着

步伐显得多么不自然啊

他的脸色很难看

人们走着，谁都不曾

看见他脸上的一片痛苦啊

只有太阳，从电杆顶上

伸下闪光的手指

抚慰着他的惨黄的脸

那在痛苦里微笑着的脸……

五　姿态

他披着有红十字的灰布衣服

让两襟摊开着，让两袖悬挂着

他走在夜的城市的宽直的大街上

他走在使他感到陶醉的城市的大街上

四周喧腾的声音，人群的声音

车辆的声音，喇叭和警笛的声音

在紧迫地拥挤着他，推动着他，刺激着他，

在那些平坦的人行道上

在那些炫目的电光下

在那些滑溜的柏油路上

在那些新式汽车的行列的旁边

在那些穿着艳服的女人面前

他显得多么褴褛啊

而他却似乎突然想把脚步放宽些

（因为他今天穿有光荣的袍子）

他觉得他是应该

以这样的姿态走在世界上的

也只有和他一样的人才应该

以这样的姿态走在世界上的

然而，当他觉得这样地走着

——昂着头，披着灰布的制服，跨着大步

感到人们的眼都在看着他的脚步时

他的浴在电光里的脸

却又羞愧地红起来了

为的是怕那些人们

已猜到了他心中的秘密——

其实人家并不曾注意到他啊

六　田野

这是一个晴朗的日子
他向田野走去
像有什么向他招呼似的

今天，他的脚踏在
田堤的温软的泥土上
使他感到莫名的欢喜
他脱下鞋子
把脚浸到浅水沟里
又用手拍弄着流水
多久了——他生活在
由符号所支配的日子
而他的未来的日子
也将由符号去支配
但今天，他必须再在田野上
就算最后一次也罢
找寻那像在向他招呼的东西
那东西他自己也不晓得是什么
他看见了水田
他看见一个农夫
他看见了耕牛

一切都一样啊

到处都一样啊

——人们说这是中国

树是绿了，地上长满了草

那些泥墙，更远的地方

那些瓦屋，人们走着

——他想起人们说这是中国

他走着，他走着

这是什么日子呀

他竟这样愚蠢而快乐

年节里也没有这样快乐呀

一切都在闪着光辉

到处都在闪着光辉

他向那正在忙碌的农夫笑

他自己也不晓得为什么笑

农夫也没有看见他的笑

七　一瞥

沿着那伸展到城郊去的林荫路，

他在浓蓝的阴影里走着

避开刺眼的阳光，

在阴暗里

他看见：那些马车，轻快的

滚过，

里面坐着一些

穿得那么整齐的男女青年

从他们的嘴里飘出笑声

和使他不安的响亮的谈话

他走着，像一个衰惫的老人

慢慢地，他走近一个公园

在公园的进口的地方

在那大理石的拱门的脚旁

他看见：一个残废了的兵士

他的心突然被一种感觉所惊醒

于是他想着：或许这残废的弟兄

比大家都更英勇，或许

他也曾愿望自己葬身在战场

但现在，他必须躺着呻吟着

呻吟着又躺着

过他生命的残年

啊，谁能忍心看这样子

谁看了心中也要烧起了仇恨

让我们再去战争吧

让我们在战争中愉快地死去

却不要让我们只剩了一条腿回来

哭泣在众人的面前

伸着污秽的饥饿的手

求乞同情的施舍啊！

八　递换

他脱去了那绣有红十字的灰布制服
又穿上了几个月之前的草绿色的军装
那军装的血渍到哪儿去了呢
而那被子弹穿破的地方也已经缝补过了
他穿着它，心中起了一阵激动
这激动比他初入伍时的更深沉
他好像觉得这军装和那有红十字的制服
有着一种永远拉不开的联系似的
他们将永远穿着它们，递换着它们
是的，递换着它们，这是应该的
一个兵士，在自己的
祖国解放的战争没有结束之前
这两种制服是他生命的旗帜
这样的旗帜应该激剧地
飘动在被践踏的祖国的土地上……

九　欢送

以接连不断的爆竹声作为引导
以使整个街衢① 都激动的号角声作为引导

---

① 街衢（qú）：通衢大道。

以挤集在长街两旁的群众的呼声作为引导

让我们走在众人的愿望所铺成的道上吧

让我们走在从今日的世界到明日的世界的道上吧

让我们走在那每个未来者都将以感激来追忆的

道上吧

我们的胸膛高挺

我们的步伐齐整

我们在人群所砌成的短墙中间走过

我们在自信与骄傲的中间走过

我们的心除了光荣不再想起什么

我们除了追踪光荣不再想起什么

我们除了为追踪光荣而欣然赴死不再

想起什么……

一〇　一念

你曾否知道

死是什么东西？

——活着，死去，

虫与花草

也在生命的蜕变中蜕化着……

这里面，你所能想起的

是什么呢？

当兵，不错，

把生命交给了战争

死在河畔！

死在旷野！

冷露凝冻了我们的胸膛

尸体腐烂在野草丛里

多少年代了

人类用自己的生命

肥沃了土地

又用土地养育了

自己的生命

谁能逃避这自然的规律

——那么，我们为这而死

又有什么不应该呢？

背上了枪

摇摇摆摆地走在长长的行列中

你们的心不是也常常被那

比爱情更强烈的什么东西所苦恼吗？

当你们一天出发了，走向战场

你们不是也常常

觉得自己曾是生活着，

而现在却应该去死

——这死就为了

那无数的未来者

能比自己生活得幸福吗？

一切的光荣

一切的赞歌

又有什么用呢？

假如我们不曾想起

我们是死在自己圣洁的志愿里？

——而这，竟也是如此不可违反的

民族的伟大的意志呢？

—— 挺进

挺进啊，勇敢啊

上起刺刀吧，兄弟们

把千万颗心紧束在

同一的意志里：

为祖国的解放而斗争呀！

什么东西值得我们害怕呢——

当我们已经知道为战斗而死是光荣的？

挺进啊，勇敢啊

朝向炮火最浓密的地方

朝向喷射着子弹的堑壕①

看，胆怯的敌人

已在我们驰奔直前的步伐声里颤抖了！

---

① 堑壕：在阵地前方挖掘的、修有射击掩体的壕沟，多为曲线形或折线形。

挺进啊，勇敢啊

屈辱与羞耻

是应该终结了——

我们要从敌人的手里

夺回祖国的命运

只有这神圣的战争

能带给我们自由与幸福……

挺进啊，勇敢啊

这光辉的日子

是我们所把握的！

我们的生命

必须在坚强不屈的斗争中

才能冲击奋发！

兄弟们，上起刺刀

勇敢啊，挺进啊！

一二　他倒下了

竟是那么迅速

不容许有片刻的考虑

和像电光般一闪的那惊问的时间

在燃烧着的子弹

第二次——也是最后一次呵——

穿过他的身体的时候

他的生命
曾经算是在世界上生活过来的
终于像一株
被大斧所砍伐的树似的倒下了

在他把从那里可以看着世界的窗子
那此刻是蒙上喜悦的泪水的眼睛
永远关闭了之前的一瞬间
他不能想起什么
——母亲死了
又没有他曾亲昵过的女人
一切都这么简单

一个兵士
不晓得更多的东西
他只晓得
他应该为这解放的战争而死
当他倒下了
他也只晓得
他所躺的是祖国的土地
——因为人们
那些比他懂得更多的人们
曾经如此告诉过他

不久，他的弟兄们

又去寻觅他

——这该是生命之最后一次的访谒

但这一次

他们所带的不再是舁床

而是一把短柄的铁铲

也不曾经过选择

人们在他所守卫的

河岸不远的地方

挖掘了一条浅坑……

在那夹着春草的泥土

覆盖了他的尸体之后

他所遗留给世界的

是无数的星布在荒原上的

可怜的土堆中的一个

在那些土堆上

人们是从来不标出死者的名字的

——即使标出了

又有什么用呢？

一九三九年春末

怀临汾

在北方的夜里
我曾迷惑于
那空阔的高爽的灰蓝色的天
而那天是以
疏落的枣树的枝丫支撑着的

我们走上古城
看着土堡
平展在下面广大无边的原野
我们的耳边
彻响着："战争！"

虽然是漠然地谈起友朋的踪迹
——但死了的和活着的
一样使我们亲切啊
而且我们又像那些
把人生看作浮萍的古人
慨然地接受
明天的离别

回来，我们看见
月影下的驴子
和驴子旁边蹲着的
戴着破皮帽
抽着旱烟的农民

我们沉默地踏进荒废的园子
和空寂的庭阶……
忽然又听见
街上有长鞭驱策车轮隆隆地滚过……

旷　野

薄雾在迷蒙着旷野啊……

看不见远方——
看不见往日在晴空下的
天边的松林，
和在松林后面的
迎着阳光发闪的白垩岩① 了；
前面只隐现着
一条渐渐模糊的
灰黄而曲折的道路，
和道路两旁的
乌暗而枯干的田亩……

田亩已荒芜了——
狼藉着犁翻了的土块，
与枯死的野草，
与杂在野草里的
腐烂了的禾根；

---

① 白垩（è）岩：一种非晶质石灰岩。

在广大的灰白里呈露出的
到处是一片土黄，暗赭，
与焦茶的颜色的混合啊……
——只有几畦萝卜，菜蔬
以披着白霜的
稀疏的绿色，
点缀着
这平凡，单调，简陋
与卑微的田野。

那些池沼毗连着，
为了久旱
积水快要枯涸了；
不透明的白光里
弯曲着几条淡褐色的
不整齐的堤岸；
往日翠茂的
水草和荷叶
早已沉淀在水底了；
留下的一些
枯萎而弯曲的枝干，
呆然站立在
从池面徐缓地升起的水蒸气里……

山坡横陈在前面，
路转上了山坡，

并且随着它的起伏
而向下面的疏林隐没……
山坡上，
灰黄的道路的两旁，
感到阴暗而忧虑的
只是一些散乱的墓堆，
和快要被湮埋了的
黑色的石碑啊。

一切都这样的
静止，寒冷，而显得寂寞……

灰黄而曲折的道路啊！
人们走着，走着，
向着不同的方向，
却好像永远被同一的影子引导着，
结束在同一的命运里；
在无止的劳困与饥寒的前面
等待着的是灾难、疾病与死亡——
彷徨在旷野上的人们
谁曾有过快活呢？

然而
冬天的旷野
是我所亲切的——
在冷彻肌骨的寒霜上，

我走过那些不平的田塍①，
荒芜的池沼的边岸，
和褐色阴暗的山坡，
步伐是如此沉重，直至感到困厄
——像一头耕完了土地
带着倦怠归去的老牛一样……

而雾啊——
灰白而混浊，
茫然而莫测，
它在我的前面
以一根比一根更暗淡的
电杆与电线，
向我展开了
无限的广阔与深邃……

你悲哀而旷达，
辛苦而又贫困的旷野啊……

没有什么声音，
一切都好像被雾窒息了；
只在那边
看不清的灌木丛里，
传出了一片

---

① 田塍（chéng）：田埂。

畏慑于严寒的
抖索着毛羽的
鸟雀的聒噪……

在那芦蒿和荆棘所编的篱围里
几间小屋挤聚着——
它们都一样的
以墙边柴木的凌乱，
与竹竿上垂挂的褴褛，
叹息着
徒然而无终止的勤劳；
又以凝霜的树皮盖的屋背上
无力地混合在雾里的炊烟，
描画了
不可逃避的贫穷……

人们在那些小屋里
过的是怎样惨淡的日子啊……
生活的阴影覆盖着他们……
那里好像永远没有白日似的，
他们和家畜呼吸在一起，
——他们的床榻也像畜棚啊；
而那些破烂的被絮，
就像一堆泥土一样的
灰暗而又坚硬啊……

而寒冷与饥饿，

愚蠢与迷信啊，

就在那些小屋里

强硬地盘据着……

农人从雾里

挑起篾箩走来，

篾箩里只有几束葱和蒜；

他的毡帽已破烂不堪了，

他的脸像他的衣服一样污秽，

他的冻裂了皮肤的手

插在腰束里，

他的赤着的脚

踏着凝霜的道路，

他无声地

带着扁担所发出的微响，

慢慢地

在蒙着雾的前面消失……

旷野啊——

你将永远忧虑而容忍

不平而又缄默么？

薄雾在迷蒙着旷野啊……

一九四〇年一月三日晨

树

一棵树，一棵树
彼此孤离地兀立着
风与空气
告诉着它们的距离

但是在泥土的覆盖下
它们的根伸长着
在看不见的深处
它们把根须纠缠在一起

一九四〇年春

篝　火

黄昏降落到我们的旷野，
快乐的火焰就升起了——
它在黝黑的树林下面，
闪耀着炫眼的红光……

白色的烟像夜间的雾，
迷漫了山谷和树林，
跟随着秋天晚上的风
徐缓地流散到远方……

在白烟的树林里，
在篝火的照耀里，
映着几个农夫和农妇
背负着收获物晚归的暗影。

一九四〇年八月三十日夜

雾①

露宿在旷野上的

没有家的雾

从乌黑的田堤的下面

慢慢地爬起来

贫穷的

流浪的

赤着脚的雾

从凹凸不平的土块里

困倦地爬起来

悲哀的

不说话的雾

从那些低湿的水洼里

湿淋淋地爬起来

那些干草堆

在那些村庄和树林之间

---

① 此诗系长诗《溃灭》第三部《荒废的田园》第三节。

在那些起伏不平的空地上
被雾遮蔽着
像一个一个庞大的动物
沉默地躺在那里
愚蠢地等待着
马车与长柄的铁叉
四周沉寂着
没有人也没有牲畜
只有雾、深秋的雾
无声地爬行在田地上
又慢慢地爬上了山坡
它的冰凉的脚趾
践踏着落叶
走过那些枯叶铺的小路

好像一个悲哀的老人
支着乔木的拐杖
不说话也不咳嗽
徐缓地走过那些矮屋
从那些小小的窗子
看着里面凌乱的家具

那些房子很多都是空的
年轻的和壮健的全走了

他们离开了家园

到遥远的地方

有的在马其诺前线

有的在波兰

连收割的时间也没有

连播种的时间也没有

他们抛下这土地

留给衰老的父亲

和无力的妻子

雾无声地走开

厌倦的雾

衰老的雾

睁着迷茫的眼

从冷落了的村庄

走向冷落了的村庄

雾停留在小村的旁边

伸出冰冷的手指

抚摸着铁铲

抚摸着那些懒惰的农具

又摇摇头看着那架锈了的曳引机

为了没有汽油喂饲它

这畜生已很久没有唱着歌

行走在田畦间了

悲哀的雾

不说话的雾

披着斑白的头发

支着乔木的拐杖

站立在田野的边际

看着那些枯干了的田亩

那些田亩、无数的毗连的田亩

像僵死了似的偃卧着

在深秋的灰暗的天幕下

在广阔的没有光泽的天幕下

它们从黎明到黄昏

无力地渴望着耕耘

渴望着播种……

我的父亲

一

近来我常常梦见我的父亲——
他的脸显得从未有过的"仁慈"，
流露着对我的"宽恕"，
他的话语也那么温和，
好像他一切的苦心和用意，
都为了要袒护他的儿子。

去年春天他给我几次信，
用哀恳的情感希望我回去，
他要嘱咐我一些重要的话语，
一些关于土地和财产的话语：
但是我怫逆了他的愿望，
并没有动身回到家乡，
我害怕一个家庭交给我的责任，
会毁坏我年轻的生命。

五月石榴花开的一天，
他含着失望离开人间。

二

我是他的第一个儿子，
他生我时已二十一岁，
正是清朝最后的一年。
在一个中学堂里念书。
他显得温和而又忠厚，
穿着长衫，留着辫子，
胖胖的身体，红褐的肤色，
眼睛圆大而前突，
两耳贴在脸颊的后面，
人们说这是"福相"，
所以他要"安分守己"。

满足着自己的"八字"，
过着平凡而又庸碌的日子，
抽抽水烟，喝喝黄酒，
躺在竹床上看《聊斋志异》。
讲女妖和狐狸的故事。
他十六岁时，我的祖父就去世；

我的祖母是一个童养媳。

常常被我祖父的小老婆欺侮；

我的伯父是一个鸦片烟鬼，

主持着"花会"，玩弄妇女；

但是他，我的父亲，

却从"修身"与"格致"学习人生——

做了他母亲的好儿子，

他妻子的好丈夫。

接受了梁启超的思想，

知道"世界进步弥有止期"，

成了"维新派"的信徒，

在那穷僻的小村庄里，

最初剪掉乌黑的辫子。

《东方杂志》的读者，

《申报》的订户，

"万国储蓄会"的会员，

堂前摆着自鸣钟，

房里点着美孚灯①。

镇上有曾祖父遗下的店铺——

京货，洋货，粮食，酒，"一应俱全"，

—————————

① 美孚灯：煤油灯的旧称。

它供给我们全家的衣料，
日常用品和饮茶的点心，
凭了折子任意拿取一切什物；
三十九个店员忙了三百六十天，
到过年主人拿去全部的利润。

村上又有几百亩田，
几十个佃户围绕在他的身边。
家里每年有四个雇农，
一个婢女，一个老妈子。
这一切造成他的安闲。

没有狂热！不敢冒险！
依照自己的利益和趣味，
要建立一个"新的家庭"。
把女儿送进教会学校，
督促儿子要念英文。

用批颊和鞭打管束子女，
他成了家庭里的暴君；
节俭是他给我们的教条，
顺从是他给我们的经典，
再呢，要我们用功念书，
密切地注意我们的分数，

他知道知识是有用的东西——
一可以装点门面，
二可以保卫财产。
这些是他的贵宾：
退伍的陆军少将，
省会中学的国文教员。
大学法律系和经济系的学生，
和镇上的警佐，
和县里的县长。

经常翻阅世界与地图，
读气象学，观测星辰，
从"天演论"知道猴子是人类的祖先；
但是在祭祀的时候，
却一样的假装虔诚，
他心里很清楚：
对于向他缴纳租税的人们，
阎罗王的塑像，
比达尔文的学说更有用处。

无力地期待"进步"，
漠然地迎接"革命"，
他知道这是"潮流"。
自己却回避着冲激，
站在遥远的地方观望……

一九二六年
国民革命军从南方出发
经过我的故乡，
那时我想去投考"黄埔"，
但是他却沉默着，
两眼混浊，没有回答。

革命像暴风雨，来了又去了。

无数年轻英勇的人们，
都做了时代的奠祭品，
在看尽了恐怖与悲哀之后，
我的心像失去布帆的船只
在不安与迷茫的海洋里飘浮……

地主们都希望儿子能发财，做官，
他们要儿子念经济与法律，
而我却用画笔蘸了颜色，
去涂抹一张风景，
和一个勤劳的农人。

少年人的幻想和热情，
常常鼓动我离开家庭：

为了到一个远方的都市去，
我曾用无数功利的话语，
骗取我父亲的同情。

一天晚上他从地板下面，
取出了一千元鹰洋，
两手抖索，脸色阴沉，
一边数钱，一边叮咛：
"你过几年就回来，
千万不可乐而忘返！"

而当我临走时，
他送我到村边，
我不敢用脑子去想一想
他交给我的希望的重量，
我的心只是催促着自己：
"快些离开吧——
这可怜的田野，
这卑微的村庄.
去孤独地漂泊，
去自由地流浪！"

三

几年后，一个忧郁的影子
回到那个衰老的村庄，
两手空空，什么也没有——
除了那些叛乱的书籍，
和那些狂热的画幅，
和一个殖民地人民的
深刻的耻辱与仇恨。

七月，我被关进了监狱，
八月，我被判决了徒刑；
由于对他的儿子的绝望
我的父亲曾一夜哭到天亮。

在那些黑暗的年月，
他不断地用温和的信，
要我做弟妹们的"模范"，
依从"家庭的愿望"，
又用衰老的话语，缠绵的感情，
和安排好了的幸福，
来俘虏我的心。

当我重新得到了自由，
他热切地盼望我回去，
他给我寄来了
仅仅足够回家的路费。
他向我重复人家的话语，
（天知道他从哪里得来！）
说中国没有资产阶级，
没有美国式的大企业，
没有残酷的剥削和榨取；
他说："我对伙计们，
从来也没有压迫，
就是他们真的要革命，
又会把我怎样？"
于是，他摊开了账簿，
摊开了厚厚的租谷簿，
眼睛很慈和地看着我
长了胡须的嘴含着微笑
一边用手指拨着算盘
一边用低微的声音
督促我注意弟妹们的前途。

但是，他终于激怒了——
皱着眉头，牙齿咬着下唇，
显出很痛心的样子，
手指节猛击着桌子，

他愤恨他儿子的淡漠的态度，
——把自己的家庭，
当作旅行休息的客栈；
用看秽物的眼光，
看祖上的遗产。
为了从废墟中救起自己，
为了追求一个至善的理想，
我又离开了我的村庄，
即使我的脚踵淋着鲜血，
我也不会停止前进……

我的父亲已死了，
他是犯了鼓胀病而死的；
从此他再也不会怨我，
我还能说什么呢？

他是一个最平庸的人；
因为胆怯而能安分守己，
在最动荡的时代里，
度过了最平静的一生，
像无数的中国地主一样：
中庸，保守，吝啬，自满，
把那穷僻的小村庄，
当作永世不变的王国；
从他的祖先接受遗产，

又把这遗产留给他的子孙。
不曾减少，也不曾增加！
就是这样——
这就是为什么我要可怜他。
如今我的父亲，
已安静地躺在泥土里
在他出殡的时候，
我没有为他举过魂幡
也没有为他穿过粗麻布的衣裳；
我正带着嘶哑的歌声，
奔走在解放战争的烟火里……

母亲来信嘱咐我回去，
要我为家庭处理善后，
我不愿意埋葬我自己，
残忍地违背了她的愿望，
感激战斗给我的鼓舞，
我走上和家乡相反的方向——

因为我，自从我知道了
在这世界上有更好的理想，
我要效忠的不是我自己的家，
而是那属于万人的
一个神圣的信仰。

一九四一年八月

少年行

像一只飘散着香气的独木船，
离开一个小小的荒岛；
一个热情而忧郁的少年，
离开了他小小的村庄。

我不欢喜那个村庄——
它像一株榕树似的平凡，
也像一头水牛似的愚笨，
我在那里度过了童年；

而且那些比我愚蠢的人们嘲笑我，
我一句话不说心里藏着一个愿望，
我要到外面去比他们见识得多些，
我要走得很远——梦里也没有见过的地方；

那边要比这里好得多，
人们过着神仙似的生活；
听不见要把心都舂碎的春臼的声音，

看不见讨厌的和尚和巫女的脸。

父亲把大洋五块五块地数好，
用红纸包了交给我而且教训我！
而我却完全想着另外的一些事，
想着那闪着强烈光芒的海港……

你多嘴的麻雀聒噪着什么——
难道你们不知我要走了么？
还有我家的老实的雇农，
你们脸上为什么老是忧愁？

早晨的阳光照在石板铺的路上，
我的心在怜悯我的村庄
它像一个衰败的老人，
站在双尖山的下面……

再见呵，我贫穷的村庄，
我的老母狗，也快回去吧！
双尖山保佑你们平安无恙，
等我也老了再回到这个地方。

秋天的早晨

在幽暗的山谷间
延河静静地流着
沿着山脚弯曲伸展
在田亩上放射银光

月亮已从山背回去
启明星闪耀在我们的山顶
四野响起雄鸡的晨唱
和接续的悠远的号声

秋天已沿着河岸来了——
披着稀薄的雾，带着微寒；
大豆萎黄了，荞麦枯焦了，
田亩上星散着收获物的堆积

金色的苞谷米
铺在屋背的斜面上
从那边的磨坊传出
齐匀的筛面的声音

农夫从打开的门里出来
背脊因劳苦而微微驼起
一边呛咳，一边扣着纽扣
缓慢地向畜棚走去

那肮脏而懒惰的猪突然跃起
从木栅里伸动它的鼻子
企望主人给它丰盛的早餐
用刺耳的尖叫表示欢喜

农夫却把关心放到驴子身上
因为它勤奋劳苦而又瘦削
他把昨晚为它切好的干草
和了豆壳倒进了石槽

于是他走到圆大的磨床旁边
用高粱秆扎的帚子扫着磨床①
慢慢地抽完了一次旱烟之后
从屋檐上取下驴子的轭②套

---

① 磨床：用砂轮磨削工件表面的机床。加工时，砂轮高速旋转，打磨工件，提高工件的精度，降低表面粗糙度。这里指碾子。

② 轭（è）：牛马等拉东西时架在脖子上的器具。

他又从屋里搬出一箩小米
快要溢出的是无数细小的金珠
伸出粗糙而干裂的手取了几颗
放到嘴里用黄色的大牙咬着

干脆的！太阳从山顶投下光芒
他驾好驴子，把小米倒上磨床
用力在驴子的股肉上一拍
把这金黄的日子碾动了……

长长的骡马队从土墙边过去
骡夫高声喝叱着，挥着鞭子
零乱而清新，铜铃在震响
那声音沿着河流慢慢远逝

这时候，在河流的彼岸
一个青年为清晨的大气所兴奋
在那悬崖的下面，迎着流水
唱着一支无比热情的歌曲

一九四一年十月四日

时　代

我站立在低矮的屋檐下

出神地望着蛮野的山岗

和高远空阔的天空，

很久很久心里像感受了什么奇迹，

我看见一个闪光的东西

它像太阳一样鼓舞我的心，

在天边带着沉重的轰响，

带着暴风雨似的狂啸，

隆隆滚辗而来……

我向它神往而又欢呼！

当我听见从阴云压着的雪山的那面

传来了不平的道路上巨轮颠簸的轧响

我的心追赶着它，激烈地跳动着

像那些奔赴婚礼的新郎

——纵然我知道由它所带给我的

并不是节日的狂欢

和什么杂耍场上的哄笑，

却是比一千个屠场更残酷的景象，
而我却依然奔向它
带着一个生命所能发挥的热情。

我不是弱者——我不会沾沾自喜，
我不是自己能安慰或欺骗自己的人
我不满足那世界曾经给过我的
——无论是荣誉，无论是耻辱
也无论是阴沉地注视和黑夜似的仇恨
以及人们的目光因它而闪耀的幸福
我在你们不知道的地方感到空虚
我要求更多些，更多些呵
给我生活的世界
我永远伸张着两臂
我要求攀登高山
我要求横跨大海
我要迎接更高的赞扬，更大的毁谤
更不可解的怨恨，和更致命的打击——
都为了我想从时间的深沟里升腾起来……

没有一个人的痛苦会比我更甚的——
我忠实于时代，献身于时代，而我却沉默着
不甘心地，像一个被俘虏的囚徒
在押送到刑场之前沉默着

我沉默着，为了没有足够响亮的语言
像初夏的雷霆滚过阴云密布的天空
抒发我的激情于我的狂暴的呼喊
奉献给那使我如此兴奋，如此惊喜的东西
我爱它胜过我曾经爱过的一切
为了它的到来，我愿意交付出我的生命
交付给它从我的肉体直到我的灵魂
我在它的前面显得如此卑微
甚至想仰卧在地面上
让它的脚像马蹄一样踩过我的胸膛

一九四一年十二月十六日晨

黎明的通知

为了我的祈愿
诗人啊，你起来吧

而且请你告诉他们
说他们所等待的已经要来

说我已踏着露水而来
已借着最后一颗星的照引而来

我从东方来
从汹涌着波涛的海上来

我将带光明给世界
又将带温暖给人类

借你正直人的嘴
请带去我的消息

通知眼睛被渴望所灼痛的人类
和远方的沉浸在苦难里的城市和村庄

请他们来欢迎我——
白日的先驱，光明的使者

打开所有的窗子来欢迎
打开所有的门来欢迎

请鸣响汽笛来欢迎
请吹起号角来欢迎

请清道夫来打扫街衢
请搬运车来搬去垃圾

让劳动者以宽阔的步伐走在街上吧
让车辆以辉煌的行列从广场流过吧

请村庄也从潮湿的雾里醒来
为了欢迎我打开它们的篱笆

请村妇打开她们的鸡埘 [①]
请农夫从畜棚牵出耕牛

借你的热情的嘴通知他们
说我从山的那边来，从森林的那边来

---

① 埘（shí）：指在墙壁上挖洞做成的鸡窝。

请他们打扫干净那些晒场
和那些永远污秽的天井 ①

请打开那糊有花纸的窗子
请打开那贴着春联的门

请叫醒殷勤的女人
和那打着鼾声的男子

请年轻的情人也起来
和那些贪睡的少女

请叫醒困倦的母亲
和她身边的婴孩

请叫醒每个人
连那些病者与产妇

连那些衰老的人们
呻吟在床上的人们

连那些因正义而战争的负伤者
和那些因家乡沦亡而流离的难民

---

① 天井：1.宅院中房子和房子或房子和围墙所围成的较小的露天空地。2.某些地区的旧式房屋
为了采光而在房顶上开的洞（对着天井在地上挖的排泄雨水的坑叫天井沟）。

请叫醒一切的不幸者
我会一并给他们以慰安

请叫醒一切爱生活的人
工人，技师以及画家

请歌唱者唱着歌来欢迎
用草与露水所掺合的声音

请舞蹈者跳着舞来欢迎
披上她们白雾的晨衣

请叫那些健康而美丽的醒来
说我马上要来叩打她们的窗门

请你忠实于时间的诗人
带给人类以慰安的消息

请他们准备欢迎，请所有的人准备欢迎
当雄鸡最后一次鸣叫的时候我就到来

请他们用虔诚的眼睛凝视天边
我将给所有期待我的以最慈惠的光辉

趁这夜已快完了，请告诉他们
说他们所等待的就要来了

给乌兰诺娃

——看芭蕾舞《小夜曲》后作

像云一样柔软，
像风一样轻，
比月光更明亮，
比夜更宁静——
人体在太空里游行；

不是天上的仙女，
却是人间的女神，
比梦更美，
比幻想更动人——
是劳动创造的结晶。

鱼化石

动作多么活泼，
精力多么旺盛，
在浪花里跳跃，
在大海里浮沉；

不幸遇到火山爆发，
也可能是地震，
你失去了自由，
被埋进了灰尘；

过了多少亿年，
地质勘察队员，
在岩层里发现你，
依然栩栩如生。

但你是沉默的，
连叹息也没有，
鳞和鳍都完整，
却不能动弹；

你绝对地静止，
对外界毫无反应，
看不见天和水，
听不见浪花的声音。

凝视着一片化石，
傻瓜也得到教训：
离开了运动，
就没有生命。

活着就要斗争，
在斗争中前进，
当死亡没有来临，
把能量发挥干净。

光的赞歌

一

每个人的一生
不论聪明还是愚蠢
不论幸福还是不幸
只要他一离开母体①
就睁着眼睛追求光明

世界要是没有光
等于人没有眼睛
航海的没有罗盘
打枪的没有准星
不知道路边有毒蛇
不知道前面有陷阱

---

① 母体：指孕育幼体的人或雌性动物的身体。

世界要是没有光

也就没有扬花飞絮的春天

也就没有百花争艳的夏天

也就没有金果满园的秋天

也就没有大雪纷飞的冬天

世界要是没有光

看不见奔腾不息的江河

看不见连绵千里的森林

看不见容易激动的大海

看不见像老人似的雪山

要是我们什么也看不见

我们对世界还有什么留恋

二

只是因为有了光

我们的大千世界

才显得绚丽多彩

人间也显得可爱

光给我们以智慧

光给我们以想象

光给我们以热情
光帮助我们创造出不朽的形象

那些殿堂多么雄伟
里面更是金碧辉煌
那些感人肺腑的诗篇
谁读了能不热泪盈眶

那些最高明的雕刻家
使冰冷的大理石有了体温
那些最出色的画家
描出了色授魂与①的眼睛

比风更轻的舞蹈
珍珠般圆润的歌声
火的热情、水晶的坚贞
艺术离开光就没有生命

山野的篝火是美的
港湾的灯塔是美的
夏夜的繁星是美的
庆祝胜利的焰火是美的
一切的美都和光在一起

---

① 色授魂与：形容彼此用眉目传情，心意投合。

三

这是多么奇妙的物质
没有重量而色如黄金
它可望而不可即
漫游世界而无体形
具有睿智而谦卑
它与美相依为命

诞生于撞击和摩擦
来源于燃烧和消亡的过程
来源于火、来源于电
来源于永远燃烧的太阳

太阳啊，我们最大的光源
它从亿万万里以外的高空
向我们居住的地方输送热量
使我们这里滋长了万物
万物都对它表示景仰
因为它是永不消失的光

真是不可捉摸的物质——
不是固体、不是液体、不是气体

来无踪、去无影、浩淼无边

从不喧嚣、随遇而安

有力量而不剑拔弩张

它是无声的威严

它是伟大的存在

它因富足而慷慨

胸怀坦荡、性格开朗

只知放射、不求报偿

大公无私、照耀四方

四

但是有人害怕光

有人对光满怀仇恨

因为光所发出的针芒

刺痛了他们自私的眼睛

历史上的所有暴君

各个朝代的奸臣

一切贪婪无厌的人

为了偷窃财富、垄断财富

千方百计想把光监禁

因为光能使人觉醒

凡是压迫人的人
都希望别人无能
无能到了不敢吭声
而把自己当作神明

凡是剥削人的人
都希望别人愚蠢
愚蠢到了不会计算
一加一等于几也闹不清

他们要的是奴隶
是会说话的工具
他们只要驯服的牲口
他们害怕有意志的人

他们想把火扑灭
在无边的黑暗里
在岩石所砌的城堡里
维持血腥的统治

他们占有权力的宝座
一手是勋章、一手是皮鞭
一边是金钱、一边是锁链
进行着可耻的政治交易

完了就举行妖魔的舞会

和血淋淋的人肉的欢宴

回顾人类的历史

曾经有多少年代

沉浸在苦难的深渊

黑暗凝固得像花岗岩

然而人间也有多少勇士

用头颅去撞开地狱的铁门

光荣属于奋不顾身的人

光荣属于前仆后继的人

暴风雨中的雷声特别响

乌云深处的闪电特别亮

只有通过漫长的黑夜

才能喷涌出火红的太阳

五

愚昧就是黑暗

智慧就是光明

人类是从愚昧中过来

那最先去盗取火的人

是最早出现的英雄

他不怕守火的鹫鹰^①

要啄掉他的眼睛

他也不怕天帝的愤怒

和轰击他的雷霆

把火盗出了天庭

于是光不再被垄断

从此光流传到人间

我们告别了刀耕火种

蒸汽机带来了工业革命

从核物理诞生了原子弹^②

如今像放鸽子似的放出了地球卫星……

光把我们带进了一个

光怪陆离的世界：

X光，照见了动物的内脏

激光，刺穿优质钢板

光学望远镜，追踪星际物质

电子计算机

把我们推到了二十一世纪

---

① 鹫（jiù）鹰：一种鸟类科目。

② 原子弹：核武器的一种，利用铀、钚等原子核分裂而产生的巨大能量进行杀伤和破坏。爆炸时产生冲击波、光辐射、贯穿辐射和放射性沾染。

然而，比一切都更宝贵的

是我们自己的锐利的目光

是我们先哲的智慧之光

这种光洞察一切、预见一切

可以透过肉体的躯壳

看见人的灵魂

看见一切事物的底蕴

一切事物内在的规律

一切运动中的变化

一切变化中的运动

一切的成长和消亡

就连静静的喜马拉雅山

也在缓慢地继续上升

认识没有地平线

地平线只能存在于停止前进的地方

而认识却永无止境

人类在追踪客观世界中

留下了自己的脚印

实践是认识的阶梯

科学沿着实践前进

在前进的道路上

要砸开一层层的封锁

要挣断一条条的铁链

真理只能从实践中得以永生

六

光从不可估量的高空

俯视着人类历史的长河

我们从周口店到天安门

像滚滚的波涛在翻腾

不知穿过了多少的险滩和暗礁

我们乘坐的是永不沉没的船

从天际投下的光始终照引着我们……

我们从千万次的蒙蔽中觉醒

我们从千万种的愚弄中学得了聪明

统一中有矛盾、前进中有逆转

运动中有阻力、革命中有背叛

甚至光中也有暗

甚至暗中也有光

不少丑恶与无耻

隐藏在光的下面

毒蛇、老鼠、臭虫、蝎子、蜘蛛

和许多种类的粉蝶

她们都是孵化害虫的母亲

我们生活着随时都要警惕

看不见的敌人在窥伺着我们

然而我们的信念

像光一样坚强——

经过了多少浩劫之后

穿过了漫长的黑夜

人类的前途无限光明、永远光明

七

每一个人都是一个生命

人是银河星云中的一粒微尘

每一粒微尘都有自己的能量

无数的微尘汇集成一片光明

每一个人既是独立的

而又互相照耀

在互相照耀中不停地运转

和地球一同在太空中运转

我们在运转中燃烧

我们的生命就是燃烧

我们在自己的时代

应该像节日的焰火

带着欢呼射向高空

然后迸发出璀璨的光

即使我们是一支蜡烛

也应该"蜡炬成灰泪始干"

即使我们只是一根火柴

也要在关键时刻有一次闪耀

即使我们死后尸骨都腐烂了

也要变成磷火在荒野中燃烧

八

作为一个微不足道的人

天文学数字中的一粒微尘

即使生命像露水一样短暂

即使是恒河岸边的细沙

也能反映出比本身更大的光

我也曾经用嘶哑的喉咙歌唱

在不自由的岁月里我歌唱自由

我是被压迫的民族,我歌唱解放

在这个茫茫的世界上

我曾经为被凌辱的人们歌唱

我曾经为受欺压的人们歌唱

我歌唱抗争，我歌唱革命

在黑夜把希望寄托给黎明

在胜利的欢欣中歌唱太阳

我是大火中的一点火星

趁生命之火没有熄灭

我投入火的队伍、光的队伍

把"一"和"无数"融合在一起

为真理而斗争

和在斗争中前进的人民一同前进

我永远歌颂光明

光明是属于人民的

未来是属于人民的

任何财富都是人民的

和光在一起前进

和光在一起胜利

胜利是属于人民的

和人民在一起所向无敌

九

我们的祖先是光荣的
他们为我们开辟了道路
沿途留下了深深的足迹
每个足迹里都有血迹

现在我们正开始新的长征
这个长征不只是二万五千里的路程
我们要逾越的也不只是十万大山
我们要攀登的也不只是千里岷山
我们要夺取的也不只是金沙江、大渡河
我们要抢渡的是更多更险的渡口
我们在攀登中将要遇到更大的风雪、更多的冰川……

但是光在召唤我们前进
光在鼓舞我们、激励我们
光给我们送来了新时代的黎明
我们的人民从四面八方高歌猛进

让信心和勇敢伴随着我们
武装我们的是最美好的理想
我们和最先进的阶级在一起
我们的心胸燃烧着希望
我们前进的道路铺满阳光

让我们的每个日子
都像飞轮似的旋转起来
让我们的生命发出最大的能量
让我们像从地核里释放出来似的
极大地撑开光的翅膀
在无限广阔的宇宙中飞翔

让我们以最高的速度飞翔吧
让我们以大无畏的精神飞翔吧
让我们从今天出发飞向明天
让我们把每个日子都当作新的起点

或许有一天，总有一天
我们这个古老的民族
我们最勇敢的阶级
将接受光的邀请
去叩开那些紧闭的大门
访问我们所有的芳邻

让我们从地球出发
飞向太阳……

一九七八年八月至十二月

墙

一堵墙，像一把刀
把一个城市切成两片
一半在东方
一半在西方

墙有多高？
有多厚？
有多长？
再高、再厚、再长
也不可能比中国的长城
更高、更厚、更长
它也只是历史的陈迹
民族的创伤
谁也不喜欢这样的墙
三米高算得了什么
五十厘米厚算得了什么
四十五千米长算得了什么
再高一千倍

再厚一千倍

再长一千倍

又怎能阻挡

天上的云彩、风、雨和阳光?

又怎能阻挡

飞鸟的翅膀和夜莺的歌唱?

又怎能阻挡

流动的水和空气?

又怎能阻挡

千百万人的

比风更自由的思想

比土地更深厚的意志

比时间更漫长的愿望?

一九七九年五月二十二日　波恩

雪里钻

一

二月大雪后的黄昏
城里的别动队来了电话，
今天晚上十一点钟
敌人有一列军火车
自北平开到保定。
弟兄们检查着枪支，
扳动着枪机，
把子弹塞满了枪膛
把子弹带捆在腰上，
夹带着亲热的戏谑，
重新扎紧了绑腿。
团长来邀我参加夜袭，
他拉我到骑兵班去，
在那成排的马群里，
他指给我一匹黑马。
像年轻人看见漂亮的女人似的，
心里激荡着欢喜。
这黑马俊秀而机敏

乌黑发亮的身体

像裹住了黑缎似的光滑

两只耳朵直竖着，

好像两个新削的黑漆的竹筒

四条腿直立着，

稳定像四根钢柱

脚蹄洁白，干净，

好像上面沾满了白雪。

它肃静地站在夜色里，

全身的黑毛映着雪光，

好像随时都在警戒着

假如不是它的耳朵在翻动

和它的眼睛在闪瞬

你会以为它是一个

为纪念英雄而铸造的马像。

团长用手抚着它的下巴

在石槽上划亮了火柴，

抽了几口旱烟，

他取下了烟斗

告诉我说：

"这是察哈尔种

在密尔斯草原

度过了四个春天，

个银转在塞外的

年轻的南方人

把它带到太行山来……"

团长是欢喜沉默的，
今天他却说话了
"这黑马虽然暴躁，
却很耐劳，
能跳过二丈宽的深沟，
曾经有三个骑者被它摔死，
但每当它的主人危难时，
它一定固守在一起。
因为它的四个白蹄人们叫它'雪里钻'。
和它作战在一起，
没有一次不胜利。
现在，我们要出发了，
我把它送给你。"

二

我跨上了马鞍
在队伍里向东方前进。
马群在疾进中扬起的雪屑
飞粘在人们的身上，脸上，
无边的雪在原野上反光。
我们经过了许多村庄
北方的低矮而又宽敞的房屋
和许多稀疏的树林；
一切都静静地被雪掩盖着，
只从远处听见了狗的叫声。
穿过广大的雪原，

临近了沦陷区的时候，
听见保定西关的日本守兵
朝向我们放射的枪声
敌人已从马群的蹄踏
发现了我们的行踪。
不知是雪原使它兴奋呢，
还是它要和寒冷抵抗呢，
我的马，在祖国的平原上
广阔的被凌辱的土地上奔跳着，急驰着
像一阵旋风
卷过山谷似的勇猛。

三

我们到了大马房，
把马拴在大树下
我们的队伍
平汉路出发。十一点钟到了
"轰！"的一声火光冲天
接着是炮弹爆炸的声响
那毒蛇似的军火车
触到我们的地雷了！
敌人连骨头都炸碎了
车辆的残片星散在雪地上。
雄鸡第一次鸣叫了，
我们带着胜利的歌声
回到了大马房。

我们歌唱着，笑着，

大声地叫着，

大家忙着准备早餐，

到处都燃起了篝火，

到处都响起了歌声。

四

黎明来到了树林和村庄，

敌人的坦克车，

轻机关枪车，

机关枪骑兵队

行进在昏暗中的四架飞机，

从被占区出发沿铁路线向我们追索——残酷的敌人

想把我们歼灭

在铁路西面的平原上。

我正在电台里煮土薯，

大马房被包围了！

人们在惊慌中奔跑着。

我匆忙地离开了电台

冒着那些散乱的枪声

去找我们的团长，

但他已走了

村外是不停的枪声，

汽车的马达声，

坦克车的轮子滚转声……我跑到骑兵班，

那个察哈尔骑兵最后的跨上了他的马背
我瞥见我的马
站在村里的大树下
直竖着两只耳朵，
眼睛发出奇异的光辉，
尾巴焦躁地摆动着。
一切都在告诉我
战争到了
我知道我的生命
已和它的生命联结在一起
我跨上了马背把缰绳一拉，
我的马像得了解放似的
兴奋地踢开了雪块
向村外冲去……到村外，它立刻发现
我们的骑兵队
正疾驰在微明的平原的上面
我把我的身体倒伏在马背上，
两手扯住它的鬃毛
我的后面喧吵着暴雨似的枪弹。
"雪里钻"在敌人的追赶里，
它的四个蹄子疯狂地疾驰着，
它的身体腾空似的
带着我迅速地移动，
快得像一个向前抛掷的物体。
天色已完全发白
天边露出清楚的地平线，

我终于赶上了骑兵队。

在我们的最前面，

我看见205号骏马，

上面骑着我们的团长

英勇的"雪里钻"激动得像警报器似的吼叫

起来。

这是我第一次听见

它如此坚决如此悲壮的吼声，

这吼声给我无比的鼓舞，

使我在狼狈的败退中

觉触到一种新的光芒

但是一切都完了，

我们的马群

已临到了漕河的边岸

而敌人的骑兵

已迫近我们的后面

敌人的机关枪

开始密集的射击，

那些小钢炮

在后面村庄的屋顶

暎发着炮弹；

那些炮弹

像夏天的急雨

打落在漕河的对岸

阻止我们前进

205号骏马

第一匹踏上漕河冻结了的河面
于是我们的整个马队
像突然得到了命令，
都跟随着跳下了漕河
敌人的炮弹击碎了冰层，
冰块像冰雹似的
飞溅，零落在我们的身边
205 号骏马伴随着它的战友
我们的政治委员
一起倒下在河面的那边。
从冰层爆起的弹片
已冷酷地击死了他们！
许多的同志们
发出最后的一声呼叫，
不可援救地牺牲了！
我们的马匹从他们的尸体上跃过。
"雪里钻"
奔到 205 号马尸的旁边，
它的后左腿
突然陷进冰窟里，
两条前腿被冰一滑脆下了。
我发出了惊叫："完了！"
我的祖国啊！
我已为你交付了我年轻的生命
我的战斗
我的英勇。

在我前面的人们远了，
在我后面的从我身边过去。
严重的恐怖包围着我，
我烦乱在子弹的喧吵里。
就在此刻，
敌人骑兵的第一匹马
已从漕河的岸上跃下
我蓦地想起
我身边的军用地图，
在我死之前我应该把它烧去。
我一边倒过了"二把子"
向后面不停地射击，
边伸手到皮包里
去摸索军用地图
我的手触到了一柄小刀——这小刀是我在上一
次的战斗中
从山本中队司令身上搜取来的。
我握住小刀，咬紧牙齿，
猛烈地向马屁股上一刺
我噙着眼泪叫喊着
"起来！伙计！你不要出卖我！"马惨叫了
一声，
从冰层上跃起
冲过炮火的浓烟，
向前面的马队追赶。
我们的机关枪

把敌人的骑兵挡在漕河的彼岸。

五

初春早晨的阳光
照耀在广大的雪原上。
子弹的声音已沉寂了，
我们的呼吸也松缓下来，
我感激地骑着"雪里钻"
向着归路上前进
弟兄们都已去得很远了，
我回过头来向后面观望。
中国的雪的平原
突然看见鲜红的血迹
淋滴在净白的雪堆上，
淋滴在印着蹄影的道路上
我回到了我们驻扎的村庄。
团长已坐在拂了雪的石板上
他为欢迎我而站立起来，
走到"雪里钻"的旁边，
伸手摸着在冒出白气的嘴。
他的脸映着春天的阳光
他笑了：那么平静，那么温暖
好像一切都不曾发生……

人民的城

一

张家口——
人民的城，
美丽的城；
山卫护着，
清水河流过，
没有沙漠，
电气开花，
机器唱歌，
工厂接连着工厂，
汽笛招呼着汽笛，
大卡车大笑着，
满载着货物，
驶进了栈房，
驶进了仓库。
长长的马路，
宽阔的马路，
市集的叫嚣，
人群的喧腾，

无数的车辆驶过，
汽车的喇叭吹叫着；
四面八方来的人们——
从无数乡村来，
从各个根据地来，
从各个解放区来，
带着愉快的呼吸，
带着新奇和感激，
从这条街走到那条街，
两眼看着新的景物。
今天我们在这里，
不像在别的城市，
感到陌生和不安，
感到疑虑和恐怖；
今天我们在这里，
好像在自己的家里，
可以自由自在地走着，
可以昂首阔步地走着……
张家口——
人民的城，
美丽的城。

二

张家口，
有痛苦的记忆，
山也记得，

河水也记得，

老乡更记得：敌人占领了华北，

"派遣军"的刺刀

插进了张家口，

这里成了"战略基地"，

这里作了"反苏据点"，

无数的浪人来了，

机关都被敌人掌握，

物资都被敌人控制，

张家口成了粮站，

张家口成了火药库；

清水河流过张家口，

把城市分成两边，

一边叫西山坡，

一边叫东山坡——

西山坡上是旧城，

旧城里住的是中国人，

无数的小商人，

无数的苦力，

无数的穷人，

十几万市民，

都生活在敌人皮鞭的下面；

年轻人被绑走了，

牲口被拉走了，

珠宝被抢走了，

年老的病倒了，

女人被糟蹋了；

又是"配给"，

又是"许可"，

又是捐，

又是税，

没有白面，

没有大米，

没有肉，

没有油，

都给敌人拿走了，

连血都快要抽干了；

西沙河的河滩，

变成了屠宰场，

好多老乡被砍头，

好多老乡被活埋，

沙滩上涂满了污血，

野狗和狼争吃着尸首，

成千成万的苦力，

被征用，

到市区的周围，

凿山洞，

建筑防御工事，

修飞机场，

挖防空壕，

造军火库，

造地下仓库，

等工程完了，

他们也完了，

尸首被投在清水河里……

三

而东山坡——

东山坡是"风景区"，

是公园，

是"神社"，

是"忠灵塔"的所在地，

有日本领事馆，

有"居留民"的住宅，

有"高等职员"的宿舍，

房屋是华贵的，

风景是幽美的；

造房子的是谁呢？

造房子的不是九州人，

不是四国人，

也不是北海道人，

而是张家口的老百姓——

成千成万的人，

都为敌人忙碌，

在广阔荒凉的山坡上，

建造起千万幢房屋，

等一切都安排好了，

搬进去住的是日本浪人，

和那些脸涂得粉白的妇女；

而张家口的老百姓，

他们一造好房子，

就不敢再从东山坡走过

只是站在西山坡上

带着忧愁和气愤

远远地看着东山坡……

这样的日子，

足足过了八年。

四

去年八月，

八路军来了，

炮声震动山谷，

把敌人轰跑了！

"武士"们都逃了，

指挥刀也不要了，

饭也不吃了，

帽子也不戴了！

那些住宅里，

那些宿舍里，

地上丢着彩色的和服，

油漆彩画的木屐，

散着冈本和大田的名片，

美芙子给林三郎的"手纸"，

和一厚册一厚册的贴照簿，

在这些贴照簿里，

贴满了刽子手们的照片；

现在他们都完了——

无论是大佐，

无论是少尉，

无论是森大启，

无论是小冈村，

奖状和勋章都丢在地上；

有的逃了

有的被捉住了，

有的死了，

死得这样不体面，

连骨灰也不能运回东京去；

还有那些北村英子，

美惠子、江藤春子，

梶谷蝶子、花代子，

除了留下脂粉盒子，

和卷发用的夹子，

就不再看见她们的影子。

（谁知道她们到哪儿去了呢？

听说有人看见她们，

在北平东城的胡同里，

打扮得"雍容华贵"，

在东安市场买东西。）伪"蒙疆政府"瓦解了——

德王逃走了，

李守信逃走了，

于品卿被枪毙了,

什么"司法部长",

什么"高等法院院长",

已关在监狱里,

都在用手指,

数着自己最后的日子。……

五

张家口,

解放了——

头上包着毛巾

穿着蓝布袄的农民,

在街上大摇大摆地走着;

工人们成群结队

大笑着走进了工会;

铁路的自卫队,

在街上操练;

妇女联合会在筹备

纪念今年的"三八"节。

所有的人都站起来,

所有的人都组织起来,

和着军队,

和着政府,

守卫这人民自己的城。

人民的城,

一切为了人民。

列车运送着劳动人民，
自来水供给人民用水，
人民在广播电台说话，
报纸登载人民的事情，
戏院演的是人民的翻身，
监狱囚禁人民的仇敌，
法院审判人民的罪犯。
张家口——
美丽的城，
无数红砖的新式房屋，
无数立体建筑，
繁杂的电杆和电线，
和白色的瓷瓶，
和如林的烟囱，
在晴空下
展开了都市的画幅……
乌黑的火车头，
冒出白色的烟，
拖着长长的列车，
从城郊驰进车站，
杂色的人群，
突然涌到街上……街上，
人们匆忙地走着，
走进工厂，
走进商店，
走进机关，

走进学校，

一切的人都朝着一个方向：

"建设民主繁荣的新张家口！"

张家口——

幸福的城，

没有饥饿，

不受欺负，

没有压迫，

没有恐怖，

工人增加了工资，

农民减少了租子，

商人没有苛捐杂税，

人人快乐，

日子过得很舒服！张家口——

人民的城，

美丽的城，

幸福的城，

光荣的城！

人民的手建造的，

人民的血解放的，

人民的生命保卫的，

和平的城！

一九四六年二月二十六日

课本里的作家

序 号	作 家	作 品	年 级
1	金 波	金波经典美文：第一辑 树与喜鹊	一年级
2	金 波	金波经典美文：第二辑 阳光	
3	金 波	金波经典美文：第三辑 雨点儿	
4	夏辇生	雷宝宝敲天鼓	
5	夏辇生	妈妈，我爱您	
6	叶圣陶	小小的船	
7	张秋生	来自大自然的歌	
8	薛卫民	有鸟窝的树	
9	樊发稼	说话	
10	圣 野	太阳公公，你早！	
11	程宏明	比尾巴	
12	柯 岩	春天的消息	
13	窦 植	香水姑娘	
14	胡木仁	会走的鸟窝	
15	胡木仁	小鸟的家	
16	胡木仁	绿色娃娃	
17	金 波	金波经典童话：沙滩上的童话	二年级
18	金 波	金波经典美文：一起长大的玩具	
19	高洪波	高洪波诗歌：彩色的梦	
20	冰 波	孤独的小螃蟹	
21	冰 波	企鹅寄冰·大象的耳朵	
22	张秋生	妈妈睡了·称赞	
23	孙幼军	小柳树和小枣树	
24	滕毓旭	神秘隐身人	
25	吴 然	吴然精选集：五彩路	三年级
26	叶圣陶	荷花·爬山虎的脚	
27	张秋生	铺满金色巴掌的水泥道	
28	王一梅	书本里的蚂蚁	
29	张继楼	童年七彩水墨画	
30	张之路	影子	

序 号	作 家		年 级
31	周　锐		
32	张晓楠		三年级
33	洪汛涛		
34	曹文轩	曹文轩经典小说：芦花鞋	
35	高洪波	高洪波精选集：陀螺	
36	吴　然		四年级
37	叶君健	海的女儿	
38	茅　盾	天窗	
39	梁晓声	慈母情深	
40	陈慧瑛	美丽的足迹	
41	丰子恺	沙坪小屋的鹅	五年级
42	郭沫若	向着乐园前进	
43	叶文玲	我的"长生果"	
44	金　波	金波诗歌：我们去看海	
45	肖复兴	肖复兴精选集：阳光的两种用法	
46	臧克家	有的人——臧克家诗歌精粹	六年级
47	梁　衡	遥远的美丽	
48	钱万成	我从山中来	
49	臧克家	说和做——臧克家散文精粹	
50	郭沫若	炉中煤·太阳礼赞	
51	刘慈欣	带上她的眼睛	七年级
52	魏　巍	谁是最可爱的人	
53	贺敬之		
54	刘成章		
55	叶圣陶		
56	茅　盾		
57	严文井		八年级
58	吴伯箫		
59	梁　衡		
60	汪曾祺		
61	曹文轩		
62	卞之琳		九年级
63	艾　青		
64	梁实秋	记梁任公先生的一次演讲	
65	艾　青	大堰河——我的保姆	
66	郭沫若		